# Le tour du monde en 80 jours

## Jules Verne

**Adaptation du texte : Dominique Bihoreau**

**hachette**
FRANÇAIS LANGUE ÉTRANGÈRE

# Audio

**Durée :** 2 h 48

**Format :** MP3

| | |
|---|---|
| *Piste 1* | *Chapitre 1* |
| *Piste 2* | *Chapitre 2* |
| *Piste 3* | *Chapitre 3* |
| *Piste 4* | *Chapitre 4* |
| *Piste 5* | *Chapitre 5* |
| *Piste 6* | *Chapitre 6* |
| *Piste 7* | *Chapitre 7* |

**Adaptation du texte :** Dominique Bihoreau

**Maquette de couverture :** Nicolas Piroux

**Photo de couverture :** Nicolas Piroux

**Maquette intérieure :** Sophie Fournier-Villiot (Amarante)

**Illustrations :** Elrubencio

**Mise en pages :** Médiamax

**Rédaction du dossier pédagogique :** Bernadette Bazelle-Shahmei

**Enregistrements :** LBP Studio, Malek Duchesne

**Comédien :** Michel Raimbault

Pour Hachette Éducation, le principe est d'utiliser des papiers composés de fibres naturelles, renouvelables, recyclables, fabriqués à partir de bois issus de forêts qui adoptent un système d'aménagement durable. En outre, Hachette Éducation attend de ses fournisseurs de papier qu'ils s'inscrivent dans une démarche de certification environnementale reconnue.

ISBN : 978-2-01-155686-8

© HACHETTE LIVRE 2010, 58 rue Jean-Bleuzen, 92178 VANVES CEDEX, France.

# SOMMAIRE

# CHAPITRE 1

En l'année 1872, au numéro 7 de la rue *Saville-Row*, vivait Phileas Fogg, l'une des personnes les plus étonnantes et les plus remarquées du Reform Club de Londres. On ne savait rien sur cet homme tranquille, on savait seulement qu'il était beau et très poli.

Il n'était ni industriel[1] ni marchand[2]. Il faisait partie du *Reform Club*, et voilà tout.

Était-il riche ? Sûrement. Mais on ne savait pas comment il avait gagné tout cet argent. Il ne le dépensait[3] jamais inutilement et il savait donner avec beaucoup de bonté[4].

Avait-il voyagé ? Sans doute ; personne ne connaissait mieux que lui tous les pays du monde, mais ce qu'il savait, il l'avait peut-être appris dans les livres.

Depuis de longues années, il n'avait pas quitté Londres. Il passait son temps à lire les journaux et à jouer aux cartes. L'argent qu'il gagnait au jeu ne restait jamais dans son portefeuille[5], il le donnait aux pauvres. Mr. Fogg – il faut bien le remarquer – jouait pour le plaisir de jouer ; le jeu était pour lui une façon de se battre avec la chance[6], mais de se battre sans mouvement et sans fatigue, seulement par l'adresse de l'esprit[7].

---

1 Un industriel : une personne qui a ou qui dirige une usine.
2 Un marchand : un vendeur.
3 Dépenser de l'argent : l'utiliser pour payer ce qu'on veut.
4 Bonté : gentillesse.
5 Portefeuille : genre de petit sac où l'on range de l'argent et les papiers importants.
6 La chance : ce sont les bonnes choses qui arrivent dans la vie quand on ne s'y attend pas. Au jeu, la chance c'est quand on gagne. Il se bat avec la chance : il essaye de gagner même s'il n'a pas de bonnes cartes.
7 L'adresse de l'esprit : la rapidité et la force de l'intelligence.

Il n'avait ni femme ni enfants, ce qui peut arriver à des personnes très bien ; il n'avait ni parents ni amis, ce qui est plus rare en vérité. Il vivait seul dans sa maison de *Saville-Row* où personne n'entrait. Il n'avait besoin que d'un serviteur : il déjeunait et dînait au *Reform Club*, chaque jour aux mêmes heures et à la même table. Il rentrait chez lui à minuit juste et se couchait tout de suite. Sur vingt-quatre heures, il en passait onze et demie chez lui, pour dormir et pour se laver.

De cette façon, son serviteur n'avait pas beaucoup de travail à faire ; il devait surtout ne jamais être en retard[8] et ne jamais se tromper.

Ainsi, ce matin du mercredi 2 octobre, Mr. Fogg a décidé de remplacer[9] Forster, parce que ce garçon lui a apporté pour le raser[10] une eau qui n'était pas assez chaude : elle était à 84° Fahrenheit et non pas à 86° comme il le fallait.

Il attend donc un nouveau serviteur. Il regarde tourner l'aiguille[11] d'un réveil[12] posé sur la table. Ce réveil est une très belle petite machine qui donne les heures, les minutes et les jours de l'année. À onze heures et demie, comme d'habitude, Phileas Fogg doit quitter sa maison pour aller au *Reform Club*.

À ce moment, on frappe à la porte. C'est le nouvel employé qui arrive enfin :

« Vous êtes Français et vous vous appelez John ?

— Jean, monsieur, Jean Passepartout, ainsi nommé parce que je sais me débrouiller[13]. Je crois être un bon garçon, mais je dois

---

**8**  Être en retard : ne pas être à l'heure.
**9**  Remplacer : mettre quelqu'un â la place de quelqu'un d'autre.
**10**  Raser : couper les poils du visage le plus près possible de la peau.
**11**  Les aiguilles : dans une montre, c'est ce qui montre l'heure.
**12**  Un réveil : un genre de montre ou de pendule qu'on met près du lit et qui sonne.
**13**  Se débrouiller : se sortir des moments difficiles d'une façon intelligente.

vous dire que j'ai déjà fait beaucoup de métiers et que j'ai même travaillé au théâtre. J'ai quitté la France il y a cinq ans et je suis en Angleterre où je voudrais avoir une vie de famille. J'étais sans travail quand j'ai appris que vous étiez l'homme le plus tranquille de la ville et je suis venu chez vous.

— Votre nom me plaît. On m'a dit du bien de vous. Vous savez ce que je veux ?

— Oui, monsieur.

— Bien. Quelle heure avez-vous ?

— Onze heures vingt-cinq, monsieur, répond Passepartout en regardant sa montre.

— Ce n'est pas l'heure juste.

— Pardonnez-moi, monsieur.

— Votre montre est en retard de quatre minutes. Ne l'oubliez pas, c'est important. Donc, à partir d'aujourd'hui, onze heures vingt-neuf du matin, ce mercredi 2 octobre 1872, vous êtes à mon service. »

Puis, Phileas Fogg sort sans ajouter un seul mot. Passepartout reste dans la maison de son nouveau maître. Il commence à tout regarder, depuis la cave[14] jusqu'au grenier[15]. C'est une maison très propre, très confortable, très bien rangée. Au deuxième étage il trouve sa chambre ; elle lui plaît beaucoup. Sur la cheminée[16] il y a un réveil électrique[17] qui ressemble à celui que Phileas Fogg regardait tout à l'heure : les deux appareils[18] battent au même moment la même minute. À côté de ce réveil, Passepartout remarque un papier où son maître a écrit comment tout doit être fait chaque jour : à huit heures Mr. Fogg se lève, à huit heures vingt-trois il faut servir le thé et le petit déjeuner, à neuf heures trente-sept il faut apporter de l'eau pour la barbe[19], etc.

Dans cette maison il n'y a pas de livres, pas de bureau, même pas de papier à lettres, parce que Phileas Fogg lit et écrit toujours au *Reform Club*.

En voyant tout cela, Passepartout se frotte les mains[20] et il répète avec plaisir :

« Voilà mon affaire[21] Voilà une bonne maison ! Jusqu'à maintenant j'ai travaillé dans beaucoup de familles, mais partout j'ai été très malheureux. Je vais enfin pouvoir vivre en paix[22]. »

---

14  Une cave : partie d'une maison, en dessous du sol.
15  Le grenier: pièce d'une maison qui est juste sous le toit et où l'on range les vieilles choses.
16  Une cheminée : dans une maison, endroit où l'on fait du feu de bois pour se chauffer.
17  Électrique : qui marche à l'Électricité.
18  Un appareil : ici, il s'agit d'une pendule.
19  La barbe : les poils du visage.
20  Se frotter les mains : les bouger l'une contre l'autre. C'est une expression qui veut dire être très content.
21  Voilà mon affaire : voilà ce qu'il me faut, voilà quelque chose de bien pour moi.
22  En paix : tranquillement.

Phileas Fogg a quitté sa maison de *Saville-Row* à onze heures et demie ; il a placé cinq cent soixante-quinze fois son pied droit devant son pied gauche et cinq cent soixante-seize fois son pied gauche devant son pied droit ; il est arrivé ainsi au *Reform Club* ; il s'est installé[23] à sa place habituelle dans la salle à manger où son déjeuner était servi. À midi quarante-sept un garçon lui a apporté le *Times* et le *Standard*, il a lu ces deux journaux depuis la première ligne jusqu'à la dernière ; cela a occupé tout son après-midi ; ensuite il a dîné, puis est revenu dans la grande salle pour y attendre les cinq personnes qui jouent chaque soir aux cartes avec lui.

Comme d'habitude, à sept heures dix, les cinq amis entrent dans la salle : l'ingénieur[24] Andrew Stuart, les banquiers John Sullivan et Samuel Fallentin, Thomas Flanagan, directeur d'une très grosse usine de bière, et Gauthier Ralph, un des directeurs de la Banque d'Angleterre.

« Eh bien, Ralph, demande tout de suite Thomas Flanagan, où en est cette affaire de vol ?

– La banque ne retrouvera jamais son argent, dit Andrew Stuart.

– J'espère au contraire que nous prendrons facilement le voleur, répond Gauthier Ralph. Nous avons envoyé des policiers dans tous les grands ports d'Europe et d'Amérique. »

Ce soir-là, tout le monde parle de la même chose : on a volé cinquante-cinq mille livres sterling[25] à la Banque d'Angleterre.

Phileas Fogg et ces messieurs se sont assis à une table de jeu et se sont mis à jouer aux cartes. Ils continuent à discuter du vol :

« Il n'y a plus un seul pays où le voleur pourrait se cacher. Où voulez-vous qu'il aille ? demande Gauthier Ralph.

---

**23** S'installer : ici, s'asseoir confortablement.
**24** Un ingénieur : quelqu'un qui a fait des études supérieures et qui est chargé du travail scientifique dans une usine ou une entreprise.
**25** Livre sterling : la monnaie d'Angleterre.

— Je ne sais pas, répond Andrew Stuart, mais la terre est assez grande.

— Elle l'était, dit Phileas Fogg ; mais maintenant elle est plus petite, parce que nous pouvons en faire le tour beaucoup plus vite qu'il y a cent ans.

— Oui, c'est vrai ; il faut seulement trois mois pour faire le tour du monde.

— Même pas ; 80 jours seulement, reprend Phileas Fogg, depuis que, en Inde, la ligne de chemin de fer entre Rothal et Allahabad a été ouverte. Voici le compte[26] que vous pouvez lire dans le journal *Morning Chronicle* :

| | |
|---|---|
| De Londres à Suez, par le train et par le bateau | 7 jours |
| De Suez à Bombay, par le bateau | 13 jours |
| De Bombay à Calcutta, par le train | 3 jours |
| De Calcutta à Hong-Kong, par le bateau | 13 jours |
| De Hong-Kong à Yokohama, par le bateau | 6 jours |
| De Yokohama à San Francisco, par le bateau | 22 jours |
| De San Francisco à New York, par le train | 7 jours |
| De New York à Londres, par le bateau et le train | 9 jours |
| Total | 80 jours |

— Je voudrais bien voir ça, dit Andrew Stuart. C'est impossible.

— Partons ensemble et vous verrez, lui répond Phileas Fogg.

— Non, je ne suis pas fou, moi. Faites-le donc !

— Je le veux bien, et tout de suite ; mais sachez que c'est vous qui paierez.

— Eh bien, oui, Mr. Fogg ; je vous donnerai 4 000 livres sterling si vous réussissez à faire le tour du monde en 80 jours.

---

**26** Le compte : combien ça fait en tout.

— Ce n'est pas sérieux, dit Fallentin, vous savez bien que, pour faire ce voyage en si peu de temps, il faudra sauter du bateau dans le train et du train dans le bateau.

— Je sauterai, messieurs. Nous sommes aujourd'hui mercredi 2 octobre, je reviendrai dans cette même salle du *Reform Club* le samedi 21 décembre à huit heures quarante-cinq du soir. Si je ne suis pas revenu, chacun de vous gagnera 4 000 livres sterling. Vous êtes cinq, je vous laisse donc un chèque de 20 000 livres sterling. Vous le garderez jusqu'au soir du 21 décembre. Si je ne suis pas à Londres ce jour-là, vous pourrez aller le lundi d'après à la banque pour prendre l'argent. Êtes-vous d'accord ?

— Oui, tout à fait, répondent les cinq amis. Si au contraire vous réussissez, c'est nous qui vous donnerons chacun 4 000 livres sterling. »

Cette fois encore, Phileas Fogg ne joue pas pour gagner de l'argent. Il a très rapidement compté dans sa tête que ce voyage autour du monde lui coûtera sans doute près de 20 000 livres sterling. S'il rentre à Londres le jour dit, il retrouvera justement ce qu'il aura dépensé, sans rien gagner de plus. Mais, s'il a du retard, il perdra le double[27] de cette somme : le prix du voyage d'abord et ensuite le chèque laissé à ses amis. Alors il ne lui restera plus rien.

Il est sept heures du soir. Phileas Fogg, qui ne se dépêche jamais et qui est toujours prêt, a décidé de prendre à huit heures quarante-cinq le train de Londres à Douvres. En arrivant chez lui, il appelle Passepartout : « Nous partons tout de suite pour la France.

— Monsieur s'en va ?

— Oui, nous allons faire le tour du monde. »

Passepartout ouvre des grands yeux et répète sans comprendre : « le tour du monde… »

---

**27** Le double : deux fois plus.

« En quatre-vingts jours. Ainsi nous n'avons pas un moment à perdre.

– Mais les valises… ?

– Pas de valises. Un sac seulement ; dedans, deux chemises et des chaussettes. Autant pour vous. Nous achèterons le reste pendant le voyage. »

Passepartout ne répond pas. Il se demande : « Est-ce que mon maître est fou ? Ah ! vraiment, je n'ai pas de chance ! »

À huit heures tout est prêt :

« Bien, dit Phileas Fogg. Prenez aussi cet autre sac et ne le perdez pas : c'est l'argent du voyage. »

Passepartout et son maître montent alors dans une voiture qui les conduit[28] vite à la gare de *Charing-Cross*. Quand ils s'arrêtent, une vieille femme très pauvre vient vers eux ; elle marche pieds nus[29] et tient par la main un enfant ; elle leur demande un peu d'argent. Phileas Fogg tire de sa poche tout ce qu'il a gagné au jeu dans la journée, c'est-à-dire vingt-et-un livres sterling.

« Tenez, ma pauvre femme, dit-il, j'ai été bien content de vous rencontrer avant de partir ! »

Sur le quai de la gare, Phileas Fogg aperçoit[30] les messieurs du *Reform Club*, qui sont venus pour lui dire au revoir. Ils sont un peu gênés parce qu'ils savent que leur ami va jouer un jeu très difficile et qu'ils sont cinq contre un, ce qui n'est pas juste.

« Messieurs, dit Phileas Fogg, je pars. Les signatures[31] des polices étrangères sur mon passeport vous montreront si j'ai vraiment fait le tour du monde. »

---

**28** Conduire : ici, emmener.

**29** Pieds-nus : sans chaussures.

**30** Apercevoir : ici, voir.

**31** Une signature : Je nom de quelqu'un, écrit par lui d'une façon spéciale, qui montre que c'est lui et personne d'autre qui a écrit son nom.

Cinq minutes après, le train roule dans la nuit noire. Il tombe une pluie fine. Les deux voyageurs sont assis à leur place ; Phileas Fogg ne parle pas et Passepartout, qui ne comprend pas encore très bien, serre sur lui le sac plein d'argent.

# CHAPITRE 2

Pour réussir, Phileas Fogg ne doit pas perdre une minute. En Europe, où les voyages ne sont pas très longs, on peut être sûr de l'heure d'arrivée des trains, mais quand ils mettent trois jours à traverser l'Inde, sept jours à traverser les États-Unis, nombreuses sont les causes de retard : les accidents, les rencontres, la mauvaise saison[1], l'épaisseur de la neige, etc. On ne peut pas compter[2] non plus sur l'arrivée à l'heure juste des bateaux qui sont souvent le jouet de coups de vent, des orages et de la mauvaise mer.

Ainsi tout le monde, à Londres, attend avec curiosité des nouvelles du voyageur. Un jour enfin, la police reçoit ce télégramme.

« *Suez à Londres.*

« *À Rowan, directeur de la police. ScotlandYard.*

« *J'ai trouvé le voleur de la Banque. Il s'appelle Phileas Fogg. Envoyez le plus tôt possible à Bombay Inde anglaise un ordre d'arrestation.*

« Signé : *Fix, policier.* »

Le résultat est que personne ne s'intéresse plus à Phileas Fogg. Les gens avaient cru d'abord que c'était un homme courageux ; ils pensent maintenant que c'est seulement un voleur qui essaie de se sauver.

Il faut expliquer pourquoi cette dépêche a été télégraphiée à Londres.

---

1 Une saison : le printemps, l'été, l'automne et l'hiver sont les quatre saisons de l'année.
2 Compter sur : espérer.

Le mercredi 9 octobre, le *Mongolia*, grand bateau très rapide qui vient d'Italie, arrive à Suez. Il doit s'arrêter quelques heures pour charger du charbon. Sur le quai du port, un homme attend. Il est petit, maigre, avec une figure assez intelligente. C'est Fix, un des policiers anglais envoyés dans tous les ports étrangers après le vol des 50 000 livres sterling à la Banque d'Angleterre.

Il regarde avec attention les voyageurs qui descendent du bateau. L'un d'eux vient vers lui et demande très poliment :

« Pardon monsieur, pouvez-vous me dire où se trouvent les bureaux de la police anglaise ? »

Cet homme tient à la main un passeport, et Fix, par l'habitude de son métier, le prend et, d'un rapide coup d'œil, il lit le signalement. Alors sa main se met à trembler. Ce signalement ressemble tout à fait à celui qu'on lui a envoyé à Londres sur le voleur.

« Ce passeport n'est pas à vous ? demande-t-il.

— Non, il est à mon maître qui est resté sur le bateau.

— Il faut qu'il aille lui-même se présenter[3] aux bureaux de la police pour montrer son identité.

— Où sont donc ces bureaux ?

— Tout près d'ici, à deux cents pas, au coin de la place.

— Bien, je vais chercher mon maître. »

Le policier court dans le bureau de son chef :

« Un Anglais sera ici dans quelques minutes pour présenter son passeport. Je crois que c'est le voleur que nous cherchons. Il faut l'empêcher[4] de partir de Suez. »

Peu de temps après, Passepartout et son maître entrent dans le bureau. Le chef regarde leurs papiers avec une très grande attention, puis il demande :

« Vous venez de Londres, n'est-ce pas ? et où allez-vous maintenant ?

---

**3** Se présenter : aller dans un endroit et dire qui on est.
**4** Empêcher : interdire.

— À Bombay.

— Si vous ne restez pas à Suez, vous n'êtes pas obligé de me présenter vos papiers d'identité.

— Oui, mais je veux qu'on sache que je suis passé à Suez aujourd'hui 9 octobre à onze heures. Je vous demande donc de bien vouloir mettre votre signature et votre timbre.

— Si vous voulez, » répond le chef de la police, et il fait ce que Phileas Fogg lui a demandé. Quand les deux voyageurs sont sortis, il tourne la tête vers Fix :

« Que faire ? On ne peut pas arrêter les gens sans raison. Vous n'avez pas reçu d'ordre d'arrestation contre ces deux personnes,

ni moi non plus. Leurs papiers d'identité sont tout à fait comme il faut. C'est malheureux, mais je ne peux rien pour vous aider.

– Je vous comprends, je vais quand même les suivre et essayer de ne pas les perdre de vue[5] »

C'est alors que le policier Fix décide de monter sur le *Mongolia* et de faire le voyage avec Phileas Fogg jusqu'à Bombay. Il prend soin[6], avant de partir, de télégraphier à Londres.

Voilà pourquoi Phileas Fogg est devenu, aux yeux de tous, un simple voleur.


Pendant ce temps-là, Mr. Fogg est remonté dans sa cabine où il s'est fait servir son déjeuner. Il n'a rien vu de la ville de Suez et n'y pense même pas ; il est comme ces Anglais qui envoient leurs serviteurs visiter les pays qu'ils traversent.

Quelques heures plus tard, le *Mongolia* repart. On vit très bien, très agréablement sur ce bateau. Les dames – il y en a quelques-unes – changent de robe deux fois par jour. On fait de la musique, on danse même, quand la mer le permet.

Que fait Phileas Fogg ? Il ne se préoccupe[7] pas du tout des changements du vent qui peuvent retarder la marche du bateau, ni du mouvement des vagues qui peuvent causer des accidents. Il ne s'intéresse pas non plus à la côte et aux villes qu'on voit au loin. Il passe tout son temps à jouer aux cartes avec trois autres voyageurs.

Poussé par ses fortes machines et aidé par le vent, le *Mongolia* avance très vite. Le dimanche 20 octobre, vers midi, on aperçoit la côte indienne et, à quatre heures et demie, les voyageurs

---

5  Ne pas perdre de vue quelqu'un : le suivre pour le voir toujours.
6  Prendre soin : ici, ne pas oublier.
7  Ne pas se préoccuper de : ne pas être inquiet : ici, ne pas avoir peur que ça ralentisse le bateau.

descendent sur le quai du port de Bombay. Phileas Fogg avait compté qu'il devait arriver seulement le 22, il a donc deux jours d'avance[8].

Dès son arrivée dans cette ville, Fix va chez le directeur de la police. Il est pressé de savoir si on a reçu de Londres la réponse à son télégramme. Il apprend que non, et cela est tout naturel parce que l'ordre d'arrestation est parti bien après Phileas Fogg et ne peut pas être là en même temps que lui.

Fix n'est pas content : il est obligé d'attendre plusieurs jours, il a peur de perdre de vue son voleur. Il est décidé quand même à le suivre partout pendant tout le temps que celui-ci passera à Bombay. Il ne sait pas encore que Phileas Fogg va repartir tout de suite.

Passepartout, lui aussi, croyait d'abord que son maître voulait se reposer du voyage et visiter un peu la ville. Il est très étonné quand Phileas Fogg lui dit :

« Nous prenons le train ce soir-même pour Calcutta. »

Il comprend alors que ce voyage est tout à fait sérieux et qu'il ne faut pas perdre une seule minute.

Ils ont seulement le temps d'acheter quelques vêtements en allant à la gare. Mais Passepartout est malheureux de passer ainsi devant tant de choses nouvelles pour lui, sans pouvoir les regarder.

Il a surtout envie d'entrer dans une pagode[9] qu'il voit près de là. Mais il ne sait pas qu'on doit enlever ses chaussures devant la porte. Pendant qu'il regarde avec attention toutes les belles sculptures[10] qui sont à l'intérieur, trois prêtres[11] en colère le prennent

---

**8** Avoir de l'avance : arriver avant le temps.

**9** Une pagode : temple où les hommes vont prier dans les pays d'Asie.

**10** Une sculpture : une personne ou un animal fait en bois, en pierre ou en métal.

**11** Un prêtre : un homme de religion.

par les épaules, le jettent à terre, le frappent et essaient de tirer ses chaussures et ses chaussettes, Passepartout se défend comme il peut, à coups de poings et de pieds. Ses ennemis[12], gênés par leurs longues robes, tombent aussi. Le pauvre garçon peut alors se relever et se sauver dans la rue. Il arrive à la gare en courant, quelques minutes avant le départ du train. Il n'a plus de souliers[13] et a perdu ses paquets.

Le policier a toujours suivi les deux voyageurs comme leur ombre[14]. Il a tout vu, tout compris ; il n'espère plus les arrêter à Bombay et est prêt à monter lui aussi dans le train pour Calcutta ; mais tout à coup une idée lui traverse l'esprit, et il décide autre chose.

« Non, je reste, se dit-il. Le serviteur vient de faire une faute grave contre la religion du pays. Je vais aller voir les prêtres de la pagode… Maintenant, je tiens mon homme. »

Le matin du 21 octobre, dans le train de Bombay à Calcutta, Passepartout dort, les pieds dans la chaude couverture[15] de son maître, pendant que celui-ci parle avec son voisin[16]. Le chauffeur passe devant les fenêtres des wagons en criant :

«Tous les voyageurs descendent ici. »

« Que voulez-vous dire ? demande Mr. Fogg.

– Je veux dire que le train ne continue pas. Ici la ligne de chemin de fer n'est pas encore faite.

---

12 Un ennemi : deux personnes qui ne s'aiment pas ou qui se battent sont des ennemis contraire de ami.

13 Des souliers : des chaussures.

14 Suivre quelqu'un comme son ombre : expression qui veut dire, le suivre de près partout et tout le temps.

15 Une couverture : un tissu de laine épais et chaud dont on se couvre la nuit pour ne pas avoir froid.

16 Son voisin : ici, la personne qui est assise à côté de lui.

— Comment ? J'ai lu dans les journaux que les travaux[17] étaient finis et, à Bombay, on nous a vendu des billets pour Calcutta sans nous prévenir[18].

— Les journaux se sont trompés, monsieur, répond le chauffeur. Il faut que vous trouviez vous-même un moyen pour aller jusqu'à l'autre village où vous reprendrez le chemin de fer.

— Est-ce que ce village est loin ?

— Avec une voiture tirée par des bœufs vous arriverez demain soir. »

Passepartout, mal réveillé et très en colère, aurait envie d'envoyer son poing dans la figure de l'employé des chemins de fer. Mais il vaut mieux ne pas perdre de temps parce que les autres voyageurs courent déjà pour chercher des voitures et les louer[19]. Phileas Fogg a même discuté trop longtemps : en quelques minutes tout a été pris dans le village et on ne trouve plus ni chevaux, ni bœufs, ni voitures.

« Nous irons à pied, dit Mr. Fogg.

— Il faut chercher encore » répond Passepartout qui a bien peur d'être obligé de marcher pendant deux jours sans chaussures.

Avec beaucoup de peine[20] ils finissent par trouver un éléphant[21].

« Est-ce que vous pouvez nous vendre cet animal ? demande tout de suite Mr. Fogg au maître de la bête.

— Non, je veux le garder pour en faire un éléphant de combat[22]. Il est encore tout jeune et assez doux. Il n'a l'habitude

---

**17** Des travaux : quand on construit une route, des voies de chemins de fer ou une maison on fait des travaux.

**18** Prévenir : ici, dire à l'avance qu'il y a un problème.

**19** Louer une voiture : payer pour pouvoir l'utiliser pendant un certain temps,

**20** De la peine : ici, de la difficulté,

**21** Un éléphant : un très grand animal sauvage. Il est gris, il a un long nez appelé trompe et vit dans les forêts d'Afrique et d'Asie.

**22** Combattre : se battre. Un éléphant de combat : un éléphant élevé pour se battre.

ni de porter ni de travailler. Je vais lui apprendre à se battre et le rendre méchant en ne lui donnant à manger que du sucre et du beurre.

– Ça ne fait rien, je l'achète quand même. »

Phileas Fogg offre un bon prix ; l'homme continue à dire non, mais ses petits yeux s'allument : on voit bien qu'il a envie de faire une bonne affaire. Phileas Fogg offre alors une somme deux fois plus importante, trois fois, quatre fois, cinq fois plus importante.

Enfin le maître de l'éléphant dit oui et tout de suite Mr. Fogg le paie. Il ne reste plus qu'à trouver quelqu'un pour conduire l'animal ; cela est plus facile : les gens du village ont compris que Phileas Fogg est très riche et qu'ils peuvent tirer de lui beaucoup d'argent.

Bientôt tout est prêt. On a mis sur le dos de la bête quelques provisions[23] et deux grands paniers ; les hommes montent dedans et l'éléphant court vers l'épaisse forêt.

Quand le soir arrive, nos voyageurs s'arrêtent dans une maison abandonnée[24], pour passer la nuit. Ils ont encore la moitié du chemin à faire.

Le jour suivant ils repartent dès six heures du matin. Le voyage continue et tout va bien jusqu'au milieu de l'après-midi. Mais, à un certain moment, l'éléphant se met à remuer[25] les oreilles d'une façon étonnante[26]. Il marche plus lentement et semble avoir peur. Enfin, il s'arrête. L'Hindou[27] qui le conduit écoute avec attention. On entend un faible bruit au loin. Il attache alors l'animal à un arbre et saute à terre pour aller voir ce qu'il y a. Quelques minutes plus tard il revient en disant : « Essayons de nous cacher », et il fait descendre doucement la bête derrière de hautes herbes.

---

23 Des provisions : ici, des choses à manger pendant tout le voyage.
24 Une maison abandonnée : une maison où plus personne n'habite.
25 Remuer : bouger.
26 Étonnante : ici, bizarre.
27 Un Hindou : un habitant de l'Inde,

Le bruit devient plus fort. Bientôt Passepartout et son maître peuvent apercevoir entre les branches un étonnant groupe d'hommes, de femmes et d'enfants, habillés de longues robes de toutes les couleurs ; tous ensemble, ils chantent un chant triste et lent.

Derrière eux on porte un dieu en pierre ; il est très laid, il a quatre bras ; son corps est peint en rouge, ses yeux sont méchants, ses lèvres noires. Autour de lui, de vieux hommes dansent. Puis quelques prêtres couverts de riches manteaux poussent une femme qui n'a presque pas la force de marcher. Elle est jeune et très belle. Enfin d'autres hommes portent le corps d'un mort habillé d'une robe jaune à ceinture d'argent ; des armes[28] sont posées sur sa poitrine.

Phileas Fogg regarde tout cela :

« C'est un "sutty" dit-il.

– Qu'est-ce qu'un "sutty" ? demande Passepartout.

– Dans ce pays l'habitude est de brûler[29] les morts. Si le mort est marié, sa femme doit se jeter elle aussi dans le même feu.

– Ah ! mon Dieu, la malheureuse !

– Dans la plus grande partie de l'Inde, on ne fait plus cela. Mais, dans cette région[30] que nous traversons, on garde encore les vieilles lois.

– Le mort est un grand chef, le "rajah" du Bundelkund, ajoute alors l'Hindou qui comprend et parle un peu l'anglais.

– Si la femme ne voulait pas mourir avec son mari, ses parents lui feraient une vie très malheureuse : on lui couperait les cheveux, on lui donnerait à manger seulement un peu de riz, on ne la recevrait plus dans aucune maison et elle finirait ses jours dans un coin comme un chien malade. On comprend donc qu'une

---

**28** Une arme : un objet qui sert à tuer ou à faire du mal.
**29** Brûler : faire disparaître, détruire par le feu.
**30** Région : partie d'un pays ou partie du monde.

femme préfère être brûlée tout de suite. Quelquefois même, des femmes qui aiment beaucoup leur mari veulent vraiment mourir avec lui. »

En entendant ces mots l'Hindou remue la tête :

« Cette fois-ci, dit-il, la jeune femme ne veut pas mourir, c'est une histoire que tout le monde connaît dans la région.

— Mais elle ne peut rien faire pour essayer de se sauver ?

— On oblige toujours, explique l'Hindou, les femmes qui vont mourir à fumer beaucoup d'opium[31]. De cette façon elles sont dans un demi-sommeil[32].

— Et où la conduit-on maintenant ?

— Dans une pagode qui est près d'ici. Là elle passera la nuit en attendant d'être brûlée demain matin avec le corps de son mari.

— Nous allons essayer de la sauver, décide Phileas Fogg.

— Vous êtes un homme très bon, dit Passepartout.

— Quelquefois. Je suis bon quand j'ai le temps et aujourd'hui nous pouvons perdre dix ou douze heures, pas plus. »

Il faut surtout ne pas faire trop de bruit. L'Hindou qui conduit l'éléphant attendra la nuit et amènera la bête près de la pagode quand le ciel sera bien noir.

Passepartout et son maître suivent de loin les gens qui portent le mort. Mais la pagode est bien gardée[33] ! Beaucoup de feux l'éclairent[34] et des hommes armés vont et viennent devant les portes doivent revenir en arrière. Ils attendent en espérant que pendant la longue nuit ces hommes finiront par avoir sommeil[35].

---

**31** L'opium : pâte qu'on fait avec des plantes et qu'on fume dans des pipes, surtout en Asie. Quand on fume de l'opium, on ne fait plus la différence entre le rêve et la réalité. L'opium est très dangereux pour la santé.

**32** Être dans un demi-sommeil : dormir à moitié.

**33** Elle est bien gardée : il y a beaucoup de gens pour interdire d'y entrer.

**34** Un soldat : personne dont le métier est de faire la guerre pour son pays.

**35** Avoir sommeil : avoir envie de dormir.

Mais les heures passent et ils ne peuvent rien faire parce qu'aucun soldat ne s'est endormi. Alors, avant que le soleil se lève, Passepartout, sans rien dire, monte sur les branches d'un arbre, et son maître ne le voit plus. Bientôt il va faire tout à fait jour. On entend de la musique et des chants ; les portes de la pagode sont ouvertes ; la femme sort. Elle semble malade ; elle a un regard[36] de folle, elle marche comme une personne qui a trop bu[37] ; pendant la nuit, dans la pagode, elle a encore fumé de l'opium.

Phileas Fogg pense maintenant qu'il ne réussira pas à la sauver. Il ne sait pas ce qu'il va faire ; il suit quand même les gens qui avancent en chantant vers l'endroit où le grand feu de la mort est préparé. Là, on a mis un tas très haut de branches sèches, et, au milieu, on a installé le lit où le corps du vieux mari est étendu[38] sous un drap[39] noir. On couche la femme près de lui ; tous les chants s'arrêtent au moment où quelques hommes mettent le feu au bois. Alors, chose terrible ! on voit le mort se mettre debout, prendre la femme dans ses bras et avancer ainsi au milieu des gens. Tout le monde a poussé un grand cri de peur et est tombé le visage contre terre. À pas lents, le mort arrive près de Phileas Fogg et lui dit à l'oreille : « Partons vite ! ».

C'est Passepartout, caché sous le drap noir. Pendant les dernières minutes de la nuit, il a pu aller jusqu'au lit et se mettre dessous. Maintenant, avec son maître et l'Hindou, il court vers l'éléphant en emportant la jeune femme.

---

**36** Le regard : la façon de regarder.
**37** Boire : ici, boire de l'alcool et devenir un peu fou.
**38** Étendu : couché.
**39** Un drap : un grand morceau de tissu.

Mais déjà les gens ont levé la tête ; quand ils ont vu le vrai mort à sa place, ils ont tout compris. Ils se sont mis à courir vers les étrangers en leur jetant des pierres. Heureusement, l'éléphant part très vite et emporte les quatre personnes dans la forêt : elles sont sauvées.

Elles retrouveront le train à son heure et seront à Calcutta sans retard.

Dans le train, la jeune femme se réveille lentement. Elle est bien étonnée de se trouver dans un wagon avec deux hommes qu'elle ne connaît pas du tout. Phileas Fogg lui explique en peu de mots ce qui s'est passé, ce qu'a fait Passepartout avec tant de courage. Elle le remercie de tout cœur et raconte son histoire :

« Je m'appelle Mrs. Aouda ; je suis la fille d'un riche commerçant[1] de Bombay. Il y a quelques années mon père et ma mère sont morts. Mes autres parents ont voulu me marier à un homme très vieux et je n'ai pas pu dire non. Quelques semaines après le mariage, mon mari est mort. Je devais être brûlée avec lui ; la famille de mon mari était bien contente parce que, de cette façon, elle gardait tout notre argent. »

En entendant de si tristes choses Passepartout a presque envie de pleurer. Mr. Fogg, froid[2] comme d'habitude, demande seulement où la jeune femme veut aller.

« J'ai encore un bon oncle qui habite à Hong-Kong, mais c'est trop loin.

— Bien, lui répond Phileas Fogg ; nous allons nous aussi à Hong-Kong. Nous pouvons vous conduire jusque-là. »

Passepartout pense alors que son maître est vraiment le meilleur homme du monde.

---

1  Un commerçant : quelqu'un dont le métier est d'acheter des choses et de les revendre plus cher.
2  Froid : au sens figuré, qui ne montre pas ce qu'il sent vraiment.

Le 25 octobre, à sept heures du matin, le train s'arrête dans la gare de Calcutta. Il y a vingt-trois jours que nos voyageurs ont quitté Londres, ils arrivent au jour dit sans retard ni avance. Phileas Fogg veut aller tout de suite sur le bateau pour installer confortablement Mrs. Aouda qu'il ne doit pas quitter un seul moment, dans un pays si dangereux pour elle. Il allait sortir de la gare, quand un policier vient vers lui, en lui demandant :

« Mr. Phileas Fogg ?

– C'est moi.

– Cet homme est votre serviteur ? ajoute le policier en montrant du doigt Passepartout.

– Oui.

– Veuillez me suivre tous les deux.

– Est-ce que cette jeune dame peut venir avec nous ? demande Mr. Fogg.

– Elle le peut, » répond le policier.

On les fait monter tous les trois dans une voiture qui les conduit au poste de police. Là ils apprennent qu'ils vont être jugés le matin même.

« Voilà, nous sommes pris, dit tristement Passepartout. Mais je ne comprends pas comment les hommes de la forêt ont pu déjà prévenir la police.

– Je ne crois pas qu'ils aient osé le faire.

– Mais le bateau part à midi !

– Avant midi nous serons sortis d'ici, » répond simplement Mr. Fogg.

Une heure après, la porte du tribunal est ouverte. Le juge s'assoit à son bureau ; à côté de lui, il y a trois prêtres.

« Messieurs, dit-il, vous avez fait une grande faute contre la religion du pays, et ces trois hommes, que vous voyez près de moi, sont venus pour se plaindre[3] de vous.

---

**3** Se plaindre : dire que quelqu'un a fait une faute pour qu'il soit puni.

— Oui, répond Mr. Fogg en regardant sa montre. Nous avons fait une faute, cela est vrai. Mais j'attends que ces trois hommes disent aussi ce qu'ils voulaient faire dans la forêt.

— C'est cela, crie Passepartout en colère. Il faut qu'ils racontent comment ils voulaient brûler la pauvre Mrs. Aouda. »

En entendant ces mots le juge et les trois prêtres se regardent. Ils ont l'air de ne pas comprendre.

« Qu'est-ce que vous dites ? Brûler quelqu'un ? En pleine ville de Bombay ?...

— Bombay ? répète Passepartout, tout étonné.

— Oui, bien sûr. À Bombay, dans la grande pagode de *Malebar-Hill.* Est-ce que vous reconnaissez ces souliers ? » ajoute le juge, en posant sur son bureau une paire[4] de chaussures.

---

**4** Une paire de chaussures : deux chaussures qu'on porte ensemble.

On comprend que Phileas Fogg et Passepartout restent muets[5] pendant quelque temps. Ils avaient tout à fait oublié cette histoire de Bombay. Le juge continue :

« Ces chaussures sont bien à vous, n'est-ce pas ? C'est tout ce que je voulais savoir. Jean Passepartout sera donc puni comme la loi le veut : il sera gardé en prison pendant quinze jours, et Mr. Fogg sera puni lui aussi, parce qu'il devait empêcher son serviteur d'entrer ainsi dans la pagode. Il restera huit jours en prison.

Dans le fond de la salle, derrière un banc, Fix est caché. Il est bien content ! Il se frotte les mains de plaisir ; mais trop tôt, parce que Phileas Fogg a tout de suite répondu :

« La loi nous permet de rester libres si nous vous laissons une certaine somme d'argent ; est-ce que vous êtes d'accord ?

— Bien sûr, vous avez raison. Si vous préférez, vous pouvez nous laisser 2 000 livres sterling.

— Voilà l'argent. »

Et Phileas Fogg sort de son sac un gros paquet de billets. Le juge est très étonné.

« Messieurs, dit-il, vous pouvez partir, vous êtes libres. Quand vous voudrez, vous irez en prison, et à ce moment là l'argent vous sera rendu.

— Et mes souliers ? demande Passepartout.

— Vous pouvez les reprendre tout de suite. »

« Voilà des souliers qui coûtent bien cher ! se dit le pauvre garçon. Mille livres sterling chacun ! sans compter qu'ils me font mal aux pieds ! »

Mr. Fogg offre son bras[6] à Mrs Aouda et tous les trois, ils se dépêchent d'aller au port.

---

**5**  Muet : sans parler.

**6**  Offrir son bras : expression qui veut dire présenter tendre poliment son bras à une personne pour qu'elle s'y appuie.

Pour aller de Calcutta jusqu'à Hong-Kong ils prennent un bateau, le *Rangoon*, qui n'est pas confortable. Mrs Aouda, très fatiguée, reste tout le temps dans sa cabine où elle se repose. Phileas Fogg a donné des ordres aux femmes de service[7] pour qu'elle ne manque[8] de rien et soit très bien soignée.

Un soir, Passepartout, qui est en train de dîner, remarque un homme qu'il a déjà vu pendant le voyage. Où ? Sur les quais de Suez peut-être, ou dans les rues de Bombay. Il ne se rappelle pas bien.

Cette personne, c'est Fix, qui n'a pas perdu courage et qui, en sortant du tribunal, a couru acheter un billet de bateau pour continuer à suivre Phileas Fogg. Il pense qu'il lui reste une dernière chance : Hong-Kong est un port anglais, là encore il peut arrêter son voleur s'il reçoit la réponse qu'il attend de Londres. Mais cette réponse, quand arrivera-t-elle ? Il faudra attendre quinze jours, trois semaines peut-être. Il sera bien difficile d'empêcher Phileas Fogg de partir avant ! Et après Hong-Kong, c'est le Japon, l'Amérique, les pays étrangers où Fix, agent de la police anglaise, ne pourra plus rien faire.

Cette fois Fix veut employer[9] tous les moyens pour réussir : depuis quelque temps déjà il se demande s'il ne pourrait pas se servir[10] de Passepartout. Mais, que vaut[11] ce garçon ? Est-ce qu'il sait que son maître est un voleur ? Fix croit plutôt qu'il ne sait rien. De toute façon le policier va essayer de devenir son camarade. En parlant avec lui il espère apprendre des choses intéressantes. Il vient donc dire bonjour à Passepartout et s'assied à côté de lui.

---

**7** Les femmes de service : les femmes qui s'occupent de servir les voyageurs, de ranger et nettoyer leurs cabines, etc.

**8** Ne manquer de rien : avoir tout ce qu'on veut.

**9** Employer, se servir de : utiliser.

**10** Employer, se servir de : utiliser.

**11** Que vaut ce garçon : quelles sont ses qualités ?

« Est-ce que je peux vous offrir[12] quelque chose à boire ?

— Je ne dis pas non. Il est bien agréable de parler un peu ; le voyage est si long ! Ce bateau de malheur n'avance pas.

— Êtes-vous si pressé ?

— Si nous manquons[13] à Hong-Kong le bateau qui part pour Yokohama, mon maître est perdu.

— Perdu ? Comment ça ? » demande Fix qui veut paraître étonné.

---

**12** Offrir : ici, payer quelque chose à quelqu'un, l'inviter.
**13** Manquer : ici, arriver trop tard, après qu'il soit parti.

Alors Passepartout, bien content de pouvoir parler de son cher maître, raconte toute l'histoire. L'autre écoute en souriant : il pense que ce sont des mensonges[14], mais il n'ose pas encore montrer sa véritable identité.

« Pourquoi riez-vous ? demande Passepartout. Vous croyez sans doute, vous aussi, que mon maître est fou ?

— Oh non, pas du tout ; je crois même que c'est un homme très adroit[15]. »

Passepartout ne comprend pas. Vraiment ce monsieur Fix a l'air drôle[16] avec ce sourire de quelqu'un qui sait beaucoup de choses. Depuis Suez on le rencontre partout. C'est curieux[17] ! Notre ami regarde alors le policier avec une grande attention et il reste pendant un moment sans rien dire ; puis tout à coup ses joues deviennent rouges de colère. Une idée lui est venue à l'esprit : cet homme est peut-être envoyé par les gens du *Reform Club* pour voir si Phileas Fogg fait vraiment le tour du monde. Quoi ? Les amis de son bon maître le jugent donc si mal ? Ils croient qu'il voudrait les tromper ? Voilà une chose que lui, Passepartout, ne leur pardonnera pas.

« Voyons, monsieur Fix, demande-t-il au bout de quelques minutes, quand nous serons arrivés à Hong-Kong, aurons-nous le malheur de vous laisser ?

— Mais, répond Fix assez gêné, je ne sais pas !… Peut-être…

— Ah ! si vous veniez avec nous, cela me ferait un grand plaisir[18]. Allons ! vous êtes déjà allé jusqu'à Bombay et bientôt vous serez en Chine. L'Amérique n'est pas loin, et quand on est en Amérique, on est presque arrivé en Europe, n'est-ce pas ? »

---

**14** Des mensonges : des choses fausses qu'on dit ou qu'on nous dit.
**15** Adroit : ici, intelligent, malin.
**16** Drôle, curieux : ici, bizarre.
**17** Drôle, curieux : ici, bizarre.
**18** Cela me fera plaisir : je serai très content de cela.

Passepartout commence à bien s'amuser ; il sourit et continue :

« Dites-moi, est-ce que vous gagnez beaucoup d'argent dans votre métier ?

– Oui et non. Il y a de bonnes et de mauvaises affaires ; vous comprenez que ce n'est pas moi qui paie mon voyage.

– Oh ! pour cela, j'en suis sûr ! » répond Passepartout en riant très fort.

C'est maintenant au tour de Fix de se poser des questions. Il se demande : « ce garçon a bien l'air de se moquer[19] de moi. Il a donc fini par comprendre qui je suis. Est-ce qu'il va prévenir son maître ? Il faudra que je lui parle une autre fois avec plus d'adresse. »

Le policier se lève ; il dit au revoir à Passepartout et sort de la salle à manger ; il a envie de marcher et de prendre un peu d'air frais[20].

Le voyage continue. Pendant les derniers jours, un orage très fort oblige le bateau à changer de direction[21].

Comme beaucoup de voyageurs, Fix a le mal de mer[22]. Il est content quand même ; il remercie le ciel, la pluie, le vent et les éclairs[23]. Passepartout, au contraire, est dans une colère folle[24] ; il ne peut pas rester tranquille dans sa cabine ; il pose des questions à toutes les personnes qu'il rencontre ; avec un crayon et du papier il compte les jours et les heures. Il voudrait pouvoir s'occuper de tout et forcer la vitesse[25] du bateau. Il crie contre les marins qui,

---

**19** Se moquer de quelqu'un : rire de lui.
**20** Prendre un peu d'air frais : sortir faire une promenade, respirer l'air pur.
**21** La direction : la route qu'on prend pour aller vers un endroit.
**22** Mal de mer : certaines personnes se sentent malades quand elles sont sur un bateau.
**23** Un éclair : très forte lumière dans le ciel pendant un orage.
**24** Être dans une colère folle : être très fâché.
**25** Forcer la vitesse : faire aller beaucoup plus vite.

à son avis, ne travaillent pas assez. « Est-ce qu'on sait ? se dit-il, le commandant a peut-être été payé, lui aussi, par les messieurs du *Reform Club* pour empêcher mon maître de réussir son tour du monde en quatre-vingts jours. »

Le soir du 4 novembre le temps devient meilleur, mais, de toute façon, le Rangoon aura un jour de retard et il arrivera le 6 et non le 5.

À Hong-Kong Mr. Fogg, en descendant sur le quai du port, demande à un employé :

« Connaissez-vous un bateau prêt à partir pour Yokohama ?

— Oui, le *Carnatic*, demain matin.

— Comment ? Le *Carnatic* ? je croyais qu'il devait partir hier.

— L'orage a été terrible partout. Beaucoup de bateaux ont eu des accidents. Ainsi, le *Carnatic* est encore là parce qu'il a fallu réparer[26] ses machines. Demain tout sera prêt et il quittera Hong-Kong quand le soleil se lèvera. »

Cette bonne nouvelle sauve Phileas Fogg. Passepartout prend la main de l'employé et il la serre avec force en lui disant :

« Merci monsieur, vous êtes un homme ! »

L'employé n'a jamais compris pourquoi ce voyageur lui avait dit cela.

---

**26** Réparer : arranger quelque chose de cassé.

# CHAPITRE 4

Phileas Fogg conduit tout de suite Mrs Aouda chez son oncle. Mais depuis deux ans cet homme n'habite plus Hong-Kong. Après quelques bonnes affaires, il est devenu très riche et est parti vivre en Europe.

Quand elle apprend cela, Mrs Aouda reste un moment sans rien dire, puis elle demande :

« Que dois-je faire, monsieur Fogg ? Donnez-moi un conseil[1].

– C'est très simple, vous venez avec nous en Europe et nous essaierons de retrouver votre parent.

– Mais je ne peux pas ; j'ai peur de vous gêner.

– Passepartout, allez vite au bureau des voyages et prenez un troisième billet pour Yokohama. »

À la porte du bureau des voyages, Passepartout rencontre Fix. Il se met à rire et lui dit en se moquant :

« Eh bien, monsieur, vous ne pouvez plus nous quitter ! Je suis sûr que vous avez décidé de venir avec nous jusqu'en Amérique. »

Fix serre les dents[2] et ne répond pas. Passepartout, vraiment très gai, le prend par le bras et ils entrent tous les deux pour louer quatre cabines sur le *Carnatic*.

« Faites très attention, messieurs, leur dit l'employé. Le bateau ne partira pas demain, mais ce soir même, à huit heures. Les réparations des machines sont finies et nous sommes pressés de partir, nous avons déjà trop de retard.

---

1  Donner un conseil : dire à quelqu'un ce qu'on pense qu'il doit faire.
2  Serrer les dents : les appuyer fort les unes sur les autres. Serrer les dents montre qu'on est fâché mais qu'on ne veut pas le montrer.

—Très bien, très bien, je vais prévenir mon maître qui en sera content. »

Fix est blanc comme un linge[3] ; il fait un grand effort[4] pour ne pas laisser voir sa colère et il essaie de sourire. Il faut à tout prix[5] qu'il trouve quelque chose pendant les trois ou quatre heures qui lui restent. Il range son billet dans son portefeuille et dit :

«Vous voyez, monsieur Passepartout, tout va bien. Allons donc nous promener dans les vieux quartiers[6] de la ville. Il est encore très tôt, je veux vous montrer un endroit qui vous amusera.

—Avec plaisir, je vous suis. »

Dans une rue étroite ils s'arrêtent devant une porte rouge et jaune ; ils entrent. C'est une large salle bien décorée[7]. Au fond, des gens dorment sur des lits. Autour de petites tables basses, d'autres personnes sont en train de boire et de fumer. Elles vident des tasses de thé ou de grands verres de bière forte. Plusieurs fument de longues pipes[8] de terre rouge. Quelquefois un homme roule sous la table ; deux garçons le prennent alors par les pieds et par les épaules, et ils le tirent jusqu'à un des lits où il s'endort comme un enfant.

« Asseyons-nous là, voulez-vous ? dit Fix. Et parlons de choses sérieuses. Savez-vous qui je suis ?

—Bien sûr, répond Passepartout. Il y a longtemps que j'ai compris. Je dois même vous dire que vous ne faites pas un joli métier ; et ces messieurs de Londres perdent leur peine[9].

---

**3** Être blanc comme un linge : être très, très blanc. Cela montre qu'on ressent quelque chose de très fort comme la peur ou la colère.

**4** Faire un effort : faire tout ce qu'on peut pour…

**5** À tout prix : absolument.

**6** Un quartier : partie d'une ville.

**7** Décorer : mettre des objets et des meubles dans une maison ou une salle pour la rendre plus jolie.

**8** Une pipe : un objet qui sert à fumer.

**9** Perdre sa peine : perdre son temps, se fatiguer pour rien.

— Comment ? Perdent leur peine ? Vous dites ça facilement. On voit bien que vous ne connaissez pas les chiffres.

— Si, je les connais : 20 000 livres sterling.

— Pas du tout. 55 000 livres sterling.

— Hein ? »

Passepartout saute sur sa chaise. Il est très étonné et se demande pourquoi son maître lui a menti. Mais il ajoute :

« De toute façon nous ne devons pas perdre une minute.

— Écoutez-moi. Si je réussis, on me donnera 2 000 livres sterling. Aidez-moi et je vous en laisserai le quart, c'est-à-dire 500 livres.

— Vous aider ? Que dois-je faire ?

— C'est simple : empêcher votre maître de partir ce soir.

— Comment ? crie Passepartout. Les amis de mon maître vous donneront 2 000 livres si nous ne pouvons pas rentrer à Londres le jour dit ? Mr. Fogg est un homme juste[10] et c'est très mal de lui faire ça. »

Fix se passe la main sur le front. Que doit-il faire ? Il voit bien que Passepartout ne ment pas. Alors il décide de jouer sa dernière chance :

« Attention mon ami, vous vous trompez. Votre maître est un voleur qui a réussi à prendre 55 000 livres sterling à la Banque. Toute la police d'Angleterre le recherche. Je suis moi-même agent de la police. Voici mes papiers. J'espère que maintenant vous allez m'aider. »

Passepartout reste muet et regarde un moment Fix, puis il se prend la tête dans les mains. Au bout d'une longue minute il demande :

« Que voulez-vous que je fasse ? »

---

**10** Un homme juste : ici, un homme honnête.

CHAPITRE 4

— Je vous l'ai déjà dit ; empêchez votre maître de quitter Hong-Kong et vous recevrez 500 livres sterling.

— Jamais. Je ne sais pas si ce que vous dites est vrai ou faux, mais mon maître a toujours été bon pour moi.

— C'est votre dernier mot[11] ?

— Oui.

— Bien. Alors faisons comme si je n'avais rien dit. Tenez ! Buvons pour oublier.

— Vous avez raison, buvons. »

Sur une table à côté d'eux il y a quelques pipes pleines d'opium. Fix en prend une, la donne à Passepartout qui la porte à ses lèvres sans faire attention. Il l'allume, respire la fumée et bientôt, la tête lourde, il tombe dans le sommeil. Fix se lève et se dit à lui-même : « Voilà. J'ai gagné. Phileas Fogg ne saura pas que le *Carnatic* part ce soir. »

Pendant ce temps, Mr. Fogg aide Mrs Aouda à préparer son grand voyage. Dans les boutiques[12] de la ville ils achètent toutes sortes de choses nécessaires[13] ; quand la jeune femme veut remercier Phileas Fogg, ou s'excuser de tout le mal qu'elle lui donne, celui-ci répond :

« Ça ne me gêne pas du tout. Quand vous pourrez, vous me rendrez l'argent que je vous prête[14] aujourd'hui. »

Le soir, à l'hôtel, ils remarquent bien que Passepartout n'est pas rentré ; comme d'habitude, Phileas Fogg n'a pas l'air étonné et il ne pose aucune question. Après le repas les deux voyageurs

---

**11** C'est votre dernier mot ? : expression qui veut dire : vous ne voulez vraiment pas changer d'idée ?
**12** Une boutique : un magasin.
**13** Nécessaire : dont on a besoin.
**14** Prêter : donner quelque chose à quelqu'un pour un temps seulement. L'autre devra rendre cette chose.

montent tout de suite, chacun dans son appartement, parce qu'ils doivent partir tôt le matin.

Ainsi, le 7 novembre à sept heures et demie, Phileas Fogg descend de sa chambre. Un garçon de l'hôtel va prévenir Mrs Aouda, qui est prête elle aussi.

Ils n'avaient pas besoin de se lever si tôt et de tant se presser : depuis douze heures le bateau est parti. Ils peuvent s'en rendre compte[15] dès leur arrivée sur le quai du port : il n'y a ni *Carnatic* ni Passepartout. La seule personne connue, c'est Fix, qui est venu là pour voir comment Phileas Fogg va se débrouiller.

Pendant trois longues heures, celui-ci court dans tous les sens ; il est prêt, s'il le faut, à louer un bateau à prix d'or[16]. Il ne trouve rien ; il ne perd quand même pas courage. À la fin, un homme vient lui demander :

« Est-ce que monsieur cherche quelque chose ?

— Vous avez un bateau prêt à partir ?

— Oui monsieur, le *Tankadère*, le meilleur de Hong-Kong ; petit et léger, il va comme le vent. Si monsieur veut se promener un peu en mer, je suis sûr qu'il sera très content.

— Bon, conduisez-moi à Yokohama. »

À ces mots l'homme reste la bouche ouverte : « Monsieur se moque de moi ! C'est trop loin.

— J'ai manqué hier soir le départ du *Carnatic* et il faut que je sois le 14 novembre à Yokohama pour prendre le bateau de San Francisco.

— Excusez-moi monsieur, c'est impossible.

— Je vous offre cent livres sterling par jour de voyage, plus deux cents livres sterling si j'arrive le 14. »

---

**15** Se rendre compte : remarquer, découvrir, comprendre quelque chose qu'on n'avait pas vu encore.

**16** À prix d'or : très cher.

L'homme regarde la mer et le ciel ; il compte, puis il tourne la tête vers Phileas Fogg :

« Attendez ! Il y a peut-être un moyen qui va vous arranger[17] : le bateau que vous voulez prendre pour aller à San Francisco passe par Yokohama, c'est vrai ; mais savez-vous que son port de départ, c'est Changhaï ? Là nous pouvons essayer de l'attraper[18], c'est beaucoup plus près et nous suivrons la côte du sud au nord.

– Et quand est-ce que ce bateau part de Changhaï ?

---

**17** Ça va vous arranger : ça va être bien pour vous, ça vous rendra les choses plus faciles.

**18** Attraper : ici essayer de prendre le bateau avant qu'il ne reparte.

— Le 11 novembre à sept heures du soir. Nous sommes aujourd'hui le 7 ; nous avons donc quatre jours devant nous, si nous partons tout de suite.

— D'accord. Voilà cent livres pour commencer. » Le policier Fix a couru tout le temps derrière Phileas Fogg et Mrs Aouda, et maintenant il entend cela !

— Ah ! il voudrait pouvoir mettre le feu à tous les bateaux du monde. Mais il sait bien que sa colère ne sert à rien. Que doit-il faire ? Suivre quand même son voleur pour voir dans quel pays étranger il va s'installer. Il demande donc à Mr. Fogg :

« Pardon monsieur, j'ai manqué aussi le *Carnatic* et je suis très pressé. Est-ce que je peux partir avec vous pour Changhaï ?

— Bien sûr, bien sûr, répond Phileas Fogg très poliment. D'abord il faut que je m'occupe d'un pauvre garçon que je ne vois plus depuis hier soir. J'ai peur qu'il ait eu un accident. Je vais aller prévenir la police, donner son signalement et laisser la somme d'argent nécessaire pour qu'on le recherche et pour qu'on l'aide à retourner à Londres. Installez-vous, je reviens tout de suite. »

Vers midi, le bateau le *Tankadère*, que commande John Bunsby, sort du port de Hong-Kong. Le voyage peut être très dangereux. Dans cette région, la mer est souvent mauvaise, surtout en automne, quand les coups de vent sont terribles et changent tout le temps de direction.

Mrs Aouda a peur, mais elle ne veut pas le montrer et elle regarde en silence les voiles blanches tendues comme des ailes[19].

Le soir, l'air devient plus frais[20] ; de gros nuages passent sur la lune. Les marins allument alors les feux et les trois voyageurs

---

**19** Les ailes : ce qui permet aux oiseaux de voler.
**20** Frais : froid.

descendent s'installer dans la cabine ; ils se couchent sur le plancher[21], enveloppés dans des couvertures et ils essaient de dormir.

Le matin du 9 novembre, le *Tankadère* est entre la grande île de Formose et la côte. Le patron pense qu'il va y avoir un très gros orage. À un certain moment, il est près de Phileas Fogg et il lui demande :

« Est-ce qu'on peut tout vous dire ?

— Tout.

— Eh bien, nous allons avoir un coup de vent.

— Est-ce qu'il viendra du Nord ou du Sud ?

— Du Sud.

— C'est très bien, répond tranquillement Mr. Fogg ; le vent nous poussera du bon côté.

— Si vous prenez la chose comme cela, moi je n'ai plus rien à ajouter. »

John Bunsby donne alors ses ordres aux marins : on plie[22] les plus grandes voiles, on rentre tout ce qui peut être emporté par l'orage, on ferme tout ce qui peut laisser passer l'eau. Les hommes sont à leur poste[23], ils attendent avec courage.

Vers huit heures du matin la pluie se met à tomber très fort. Vingt fois on pense que les montagnes d'eau qui se lèvent vont écraser[24] le petit bateau, mais John Bunsby, avec beaucoup d'adresse, empêche chaque fois l'accident. Les voyageurs, tout mouillés[25], restent dehors et regardent avec une grande attention le travail des marins. La mer frappe si fort ! on croit tout le temps qu'elle va démolir[26] le bateau en mille morceaux. Vers le soir, le patron crie à Phileas Fogg :

---

**21** Le plancher : un sol recouvert de bouts de bois plats, les planches.

**22** Plier : faire descendre la voile et mettre une partie sur l'autre, à plat.

**23** Un poste : ici, l'endroit où chacun doit être pour faire son travail.

**24** Écraser : ne plus lui permettre de se relever.

**25** Mouillé : plein d'eau.

**26** Démolir : casser complètement.

« Nous ne pouvons plus continuer. Je crois qu'il va falloir aller plus près de la côte et essayer d'entrer dans un port.

– Pour moi, il n'y a qu'un seul port : c'est Changhaï, dépêchez-vous. »

Cette nuit est vraiment terrible. Puis le jour se lève et la mer devient enfin moins mauvaise.

Le bateau est sauvé, mais les six cents livres sterling ne sont pas encore gagnées. Il faudrait être à Changhaï le 11 novembre avant sept heures et on est le 10. Il semble malheureusement que le vent soit fatigué : il devient trop faible, trop mou, et la mer est comme de l'huile[27]. Les marins ont tendu toutes les voiles lourdes de pluie. La quatrième nuit du voyage est très belle. Le *Tankadère* n'avance presque plus.

Le jour suivant à midi, il reste quarante-cinq milles marins à faire pour arriver jusqu'à Changhaï. À sept heures du soir, trois milles marins.

« Malheur de ma vie ! pense John Bunsby, il est trop tard. Je perds les deux cents livres que l'Anglais avait promis de me donner en plus du prix du voyage. »

À ce moment, on voit au-dessus de la mer une fumée noire : c'est le *Général Grant* qui est déjà sorti du port.

« Le voilà ! crie le patron.

– Tirez des coups de canon pour l'appeler, répond Phileas Fogg. »

Il y a sur le devant du *Tankadère* un petit canon qui sert surtout par temps de brouillard[28].

---

**27** La mer est comme de l'huile : expression qui veut dire : la mer est très calme, très plate, sans aucune vague.

**28** Le brouillard : petites gouttes d'eau dans l'air qui font comme nuage et qui empêche de bien voir

« Levez le pavillon de détresse, » ordonne ensuite Mr. Fogg.

Le pavillon de détresse est un petit drapeau qu'on lève quand un bateau se trouve en danger. Il faut que les marins du *Général Grant* remarquent le *Tankadère* et comprennent qu'ils doivent venir l'aider.

« Feu ! » crie Phileas Fogg. Et un coup de canon traverse l'air.

# CHAPITRE 5

Le *Carnatic* avait quitté Hong-Kong le 7 novembre à huit heures du soir. Deux cabines à l'arrière restaient vides ; celles qui avaient été gardées pour Mr. Fogg et Mrs Aouda.

Le matin du 8, les marins pouvaient voir sur le bateau un voyageur qui marchait encore difficilement, comme un homme mal réveillé. C'était Passepartout lui-même. Voilà ce qui était arrivé.

Fix avait laissé Passepartout endormi. Trois heures plus tard, le pauvre garçon s'est quand même levé et avec beaucoup de peine[1] il est sorti de la salle ; il était très malade : au bout de quelques pas, il est tombé dans la rue. Là, des agents de police qui passaient l'ont ramassé[2]. Ils ont vu que c'était un étranger, ils ont cherché dans ses poches pour regarder ses papiers d'identité. Ainsi, ils ont trouvé des billets de bateau, ils ont décidé de porter le malheureux au port et de le remettre[3] aux hommes du *Carnatic*. Les marins, qui ont l'habitude de ces sortes de choses, ont installé Passepartout dans sa cabine où il s'est réveillé le matin à cinquante milles marins des côtes de la Chine.

Voilà pourquoi, après une nuit de sommeil, il a encore très mal à la tête et se rappelle difficilement ce qui s'est passé. « Je crois que j'ai bu ou que j'ai mangé quelque chose de mauvais, se dit-il. Que va dire Mr. Fogg ? De toute façon, je n'ai pas manqué le bateau, c'est le plus important. »

---

1 De la peine : de la difficulté.
2 Ramasser : prendre quelque chose quelqu'un qui était par terre.
3 Remettre : donner en disant de s'en occuper.

Puis il pense à Fix :

« Oh ! celui-là, j'espère bien que nous ne le verrons plus et qu'il n'a ; pas osé nous suivre sur le *Carnatic*. Un policier envoyé pour arrêter Mr. Fogg ! Allons donc ! Mon maître ne peut pas être un voleur. C'est une histoire qui ne tient pas debout[4]. »

Passepartout se demande s'il doit raconter tout cela à Phileas Fogg. Ne fera-t-il pas mieux d'attendre l'arrivée à Londres pour lui dire qu'un agent de la police anglaise l'a suivi autour du monde, et pour en rire avec lui ? Oui, bien sûr.

Maintenant Passepartout est surtout pressé de retrouver son maître : il va donc le chercher vers l'arrière du bateau. Il voit plusieurs voyageurs, mais aucun ne ressemble ni à Phileas Fogg ni à Mrs Aouda.

« Bon, se dit-il, notre jeune dame est encore couchée à cette heure, et Mr. Fogg est sans doute en train de jouer aux cartes comme c'est son habitude. »

Passepartout traverse toutes les salles ; il questionne les employés qu'il rencontre ; il finit ainsi par apprendre que les deux cabines louées au nom de Phileas Fogg sont restées vides. Alors il comprend : il se rappelle que l'heure du départ du *Carnatic* a été changée et qu'il devait prévenir son maître ; il ne l'a pas fait ; Fix a réussi à l'en empêcher.

« Ah ! crie Passepartout en se frappant le front de colère, j'ai été bien bête ! Comment est-ce que Mr. Fogg va faire pour continuer son tour du monde ? Et moi, qu'est-ce que je vais devenir ? Je serai seul, sans argent, dans un pays où je ne connaîtrai pas la langue. »

---

**4** Une histoire qui ne tient pas debout : une histoire qu'on ne peut pas croire parce qu'elle est bizarre et qu'elle a l'air fausse.

Pour le moment, sa place est payée sur le bateau. Il a donc cinq ou six jours devant lui. On ne pourrait pas dire tout ce qu'il a mangé et bu pendant ce voyage ; il mange autant que trois personnes, en prenant sa part[5], celle de son maître et celle de Mrs Aouda. Il a bien peur qu'au Japon il n'y ait plus pour lui ni bon repas ni bon sommeil.

Le 13, le *Carnatic* vient se ranger au quai de Yokohama et Passepartout met le pied, sans grand plaisir, sur cette terre des Fils du Soleil. Que peut-il faire ? Il va se promener dans les rues. Quand la nuit vient, il retourne vers le port et il se couche contre un mur. Le matin, à son réveil, sa première idée est de chercher du travail sur un bateau prêt à partir[6] pour l'Amérique. Il peut faire la cuisine ou servir à table. Il ne demandera pas à être payé ; l'important pour lui c'est d'avoir à manger et surtout de traverser ces quatre mille sept cents milles marins de Yokohama à San Francisco.

Il va donc demander à plusieurs patrons de bateaux s'ils ont besoin d'un employé. Tous lui répondent que non.

Vers midi, Passepartout voudrait bien gagner quelques pièces de monnaie pour acheter son déjeuner. Il offre alors aux voyageurs de porter leurs valises et de décharger leurs paquets. Il travaille ainsi pendant un certain temps.

Tout à coup, il laisse tomber par terre ce qu'il tient, et il se met à courir comme un fou derrière un homme qui passe. Il le prend par la veste, le retourne, et, sans dire un mot, lui lance son poing dans la figure avec une force de bœuf. Passepartout a reconnu son ennemi Fix au milieu des gens qui vont et viennent sur le quai. Bien content de pouvoir enfin vider sur lui toute sa colère, il l'écrase sous les coups.

---

**5**  Une part : quand on donne une partie de quelque chose à chacun, chacun a une part.

**6**  Prêt à partir : qui va partir tout de suite.

Quand Passepartout a fini de frapper, Fix se relève :

« Est-ce fini ?

— Oui, pour aujourd'hui. Mais si je vous revois encore une fois, je recommencerai.

— Nous verrons. Vous êtes très en colère et je comprends bien vos raisons[7]. Maintenant, écoutez-moi : jusqu'ici j'étais l'ennemi de Mr. Fogg ; depuis notre arrivée à Yokohama, les choses ont changé : j'ai décidé d'aider votre maître par tous les moyens.

— Ah ! vous avez enfin compris que vous aviez tort et que Mr. Fogg est un homme juste et bon.

---

**7** Une raison : pourquoi une personne fait ou sent quelque chose.

– Non, pas du tout ; je crois toujours que c'est un voleur. Quand nous passions dans des villes où il y avait une police anglaise, j'attendais un ordre de mes chefs, pour pouvoir prendre Mr. Fogg et le mettre en prison. Cet ordre, je l'ai enfin ; je viens de le recevoir, ici, ce matin. Trop tard, trop tard pour moi parce que nous sommes dans un pays étranger et que je ne peux plus rien faire. Votre maître dit qu'il veut rentrer en Angleterre. Il ment peut-être ; mais s'il dit la vérité, alors vous comprenez que je suis aussi pressé que lui d'arriver à Londres. Jusqu'à aujourd'hui j'ai tout fait pour gêner votre voyage ; à partir de maintenant c'est le contraire, je vais m'efforcer[8] de le rendre facile et rapide. Venez avec moi et dépêchez-vous ; vous retrouverez Mr. Fogg et Mrs Aouda sur le bateau Général Granî. »

Passepartout est bien heureux de retrouver son maître ; en le voyant, il se jette à ses pieds. Phileas Fogg dit seulement :

« Vous ici ? C'est bien ; allez vous laver, mon garçon, changer de vêtements. »

On devine ce qui s'est passé il y a quelques jours devant le port de Changhaï. Les hommes du *Général Grant* ont entendu le coup de canon tiré du *Tankadère* et le commandant a vu le pavillon de détresse. Il a donné l'ordre à ses marins de tourner doucement et de venir près du petit bateau qui appelait à l'aide. Une échelle de corde[9] a été jetée. Phileas Fogg a payé à John Bunsby la somme d'argent promise, il a aidé Mrs Aouda à monter pendant que Fix s'occupait des valises.

Ainsi tout s'est arrangé : les quatre voyageurs, encore une fois ensemble, continuent leur tour du monde.

---

**8** S'efforcer : essayer, faire tout ce qu'on peut pour que ça réussisse.

**9** Une échelle de corde : sorte d'escalier fait avec des cordes qu'on utilise sur les bateaux.

Le trois décembre à sept heures du matin, le *Général Grant* entre dans le port de San Francisco par la Porte d'Or. Phileas Fogg n'a encore ni gagné ni perdu un seul jour. Il demande tout de suite à quelle heure part le premier train pour New York. À six heures du soir. Il doit donc attendre toute une journée dans la capitale[10] de la Californie.

Mr. Fogg, Mrs Aouda et Passepartout montent alors dans une voiture qui les conduit à *International-Hôtel* Passepartout est assez étonné par ce qu'il voit. Il croyait trouver encore le San Francisco de 1849, la ville des hommes qui venaient chercher l'or et qui, prêts à tout oser, portaient toujours une arme à leur ceinture. Mais ce « beau temps » est passé. En 1872, San Francisco est une grande ville de commerce[11] avec de larges rues et de belles avenues qui se coupent comme des lignes droites.

*International-Hôtel* ressemble aux grands hôtels de Londres ; la salle à manger est aussi confortable que celle du *Reform Club*.

Après le déjeuner, Phileas Fogg sort avec Mrs Aouda. Il va faire signer son passeport à San Francisco comme dans toutes les autres villes où il est passé.

« Est-ce que vous avez besoin de moi cet après-midi, monsieur ? demande Passepartout à son maître.

— Non.

— Ne croyez-vous pas qu'il faudrait acheter des armes ? On m'a souvent dit que les Peaux-Rouges[12] arrêtaient les trains et tuaient les voyageurs.

— Je ne pense pas que ce soit utile, répond Phileas Fogg. Mais je vous permets, mon garçon, d'acheter ce que vous voulez. »

---

**10** La capitale : la ville la plus importante d'un pays.
**11** Une ville de commerce : une ville où on vend et on achète beaucoup de choses.
**12** Les Peaux-Rouges : on appelle comme ça les Indiens d'Amérique car ils ont la peau de couleur rouge.

Mr. Fogg et Mrs Aouda n'ont pas fait deux cents pas quand, au premier coin de rue, ils rencontrent Fix. Comment ! Quelle surprise[13] ! Le policier fait semblant[14] d'être étonné. Il raconte que ses affaires l'obligent à revenir en Europe ; il ajoute qu'il serait très content de continuer son voyage avec des personnes si agréables. Mr. Fogg répond que cela lui fera aussi un très grand plaisir, et Fix – qui ne veut pas perdre son homme de vue – lui demande s'il peut rester avec eux pour visiter San Francisco.

Ils arrivent ainsi dans Montgomery Street, une des rues les plus importantes de la ville. Il y a encore plus de monde que d'habitude ; sur les trottoirs les gens sont arrêtés, ils regardent passer des groupes d'hommes qui portent de longs et larges drapeaux. Partout on crie :

« Hurrah pour Mandiboy ! »

Mr. Fogg et Fix voudraient demander autour d'eux la cause de tout ce bruit. Mais on ne les écoute pas. Déjà les gens commencent à se battre, les coups de poing tombent de tous les côtés. Les drapeaux sont vite déchirés[15] et, avec les bâtons[16] cassés qui leur restent dans les mains, les hommes frappent à droite et à gauche. Les groupes sont poussés dans un sens, puis dans un autre, comme une mer remuée par l'orage.

On crie les noms de Kamerfield et de Mandiboy. Du haut des voitures on jette toutes sortes de choses, des souliers, des bouts de bois, des pierres même.

Phileas Fogg commence à avoir peur pour Mrs Aouda. Il voudrait entrer avec elle dans une maison ou dans une boutique, mais ils sont trop serrés par les gens et ils ne peuvent pas avancer.

---

**13**  Quelle surprise ! : cri qu'on pousse quand on est très étonné.
**14**  Faire semblant : faire comme si c'était vrai alors que c'est faux.
**15**  Déchiré : en morceaux.
**16**  Un bâton : un bout de bois long et fin.

À un certain moment, tout près de l'endroit où ils sont, deux groupes ennemis marchent l'un contre l'autre en criant :

« Hurrah ! Hip ! Hip ! pour Mandiboy !

— Hurrah ! Hip ! Hip ! pour Kamerfield ! »

Phileas Fogg est poussé avec force. Il veut se défendre avec ces deux armes naturelles que tout Anglais a au bout de ses deux bras. Mais ses efforts sont inutiles. Un homme à petite barbe rouge, au visage bruni[17] par le soleil, et très large d'épaules, a déjà levé son terrible poing sur Mr. Fogg. Il lui aurait fait beaucoup de mal, si Fix ne s'était pas jeté sur l'Américain et n'avait pas reçu le coup à sa place.

« Nous nous retrouverons ! crie Phileas Fogg à l'homme à la barbe rouge.

— Si vous voulez. Votre nom ?

— Phileas Fogg. Et vous, comment vous appelez-vous ?

— Stamp Proctor. »

Quand les gens sont passés, Mr. Fogg aide Fix à se relever et le remercie.

« J'ai fait seulement mon devoir[18], répond le policier. Heureusement, je ne suis pas blessé. Venez avec moi s'il vous plaît.

— Où ?

— Chez un marchand de vêtements.

— Vous avez raison ; votre manteau est déchiré et, moi, j'ai besoin d'un chapeau neuf. »

Une heure après, Mrs Aouda et les deux hommes reviennent à *International-Hôtel*. Là, Passepartout attend son maître avec les

---

**17** Brunir : devenir plus brun.
**18** Le devoir : ce qu'on doit faire pour son métier, son pays, sa famille ou tout simplement parce qu'on est un homme.

six fusils[19] très modernes qu'il vient d'acheter. Quand il voit Fix à côté de Mr. Fogg, une ombre passe sur son front[20]. Il ne dit rien quand même.

Après le dîner, les quatre voyageurs partent avec leurs paquets vers la gare. En montant dans la voiture, Phileas Fogg demande à Fix :

« Vous n'avez pas revu ce Stamp Proctor ?

— Non, nulle part.

— Je reviendrai en Amérique pour le retrouver. Il n'avait pas le droit de se conduire de cette façon avec nous. »

Puis il tourne la tête vers un garçon de l'hôtel qui est en train de charger les valises :

« Dites-moi, mon ami, qu'est-ce qu'il y a eu cet après-midi en ville ?

— On prépare une élection[21], monsieur, tout simplement. Les uns veulent élire[22] Mr. Mandiboy et les autres Mr. Kamerfield.

— C'est sans doute une élection à un poste très important ?

— Oh ! monsieur, c'est l'élection d'un juge de paix.

---

**19** Un fusil : arme de guerre ou de chasse.

**20** Une ombre passe sur son front : expression qui veut dire qu'il est inquiet et fâché.

**21** Une élection : quand les gens d'un pays choisissent quelqu'un pour les représenter, les diriger ou pour faire un travail important au gouvernement.

**22** Élire : choisir par une élection.

# CHAPITRE 6

Quand Phileas Fogg prend le train à San Francisco pour traverser toute l'Amérique de l'ouest vers l'est, cette ligne de chemin de fer vient d'être finie. Elle a trois mille sept cent quatre-vingt-six miles anglais, c'est-à-dire à peu près 6 000 kilomètres. Avant, il fallait six mois pour aller de New York à San Francisco ; avec cette nouvelle ligne de chemin de fer, on met sept jours.

Le début du voyage se passe sans accident, Phileas Fogg a trouvé facilement des voisins qui veulent bien jouer aux cartes avec lui. Mrs Aouda parle avec Fix et les autres voyageurs ; elle s'intéresse beaucoup aux pays qu'elle traverse. Passepartout dort presque tout le temps.

Un jour, après le déjeuner, le train s'arrête. On se penche à la fenêtre : il n'y a rien, aucune gare, aucune ville. Les gens quittent leurs places, descendent des wagons pour voir ce qu'il y a. Ils voient le mécanicien et le chef du train qui discutent avec des soldats. Le pont est gardé.

« Il n'y a pas moyen[1] de passer. Il a fait très mauvais temps ces jours-ci, la rivière est grossie[2] par les pluies. La force de l'eau a creusé[3] les bords : elle a emporté des pierres et démoli une partie du pont. il n'est plus assez solide : si le train passe dessus, le pont tombera. »

Tous les voyageurs ont autour des soldats. Chacun veut donner son avis : « Il faut passer… » – « Il ne faut pas passer… » – « Nous

---

**1** Il n'y a pas moyen de  : ce n'est pas possible, on ne peut pas.
**2** Grossie : devenue plus grosse, il y a beaucoup plus d'eau que d'habitude.
**3** Creuser : faire des trous.

avons une chance sur deux de passer sans accident. » – « On peut faire une chose très simple… » – « Mais non, monsieur, vous êtes fou… » etc. etc.

Passepartout crie aussi fort que les autres, et, naturellement, personne ne l'écoute. Enfin le chef du train prend une décision[4] : il demande aux voyageurs de remonter dans les wagons et donne ses ordres au mécanicien. Le train d'abord recule[5] sur deux kilomètres, puis il repart à toute vitesse sur le pont. Il passe dessus comme un éclair[6], à plus de cent cinquante kilomètres à l'heure ;

---

4   Prendre une décision : décider, choisir ce qu'on va faire.
5   Reculer : avancer en arrière.
6   Comme un éclair : c'est une image qui veut dire très vite.

il saute, pour ainsi dire, d'un côté à l'autre de la rivière et le mécanicien ne peut arrêter sa machine que huit kilomètres plus loin. Derrière le dernier wagon, le pont est tombé en morceaux avec un bruit de tonnerre. Pendant tout ce temps, Phileas Fogg a continué à jouer aux cartes avec ses voisins.

La ligne de chemin de fer traverse longtemps une région de très hautes montagnes, puis elle descend vers de grandes plaines[7] où le train peut aller plus vite, mais où vivent beaucoup de Peaux-Rouges.

Le 7 décembre, vers onze heures du matin, on entend des coups de fusil. Les hommes et les femmes prennent leurs armes, prêts à défendre leur vie. Avec une adresse de chat, les Peaux-Rouges sautent sur les toits des wagons ; ils cassent les planches, démolissent les portes et les fenêtres. Leur chef est monté sur la locomotive, il a jeté dehors le mécanicien et le chauffeur ; il voudrait arrêter la machine, mais ne sait pas comment il faut faire. Les voyageurs se battent avec courage ; plusieurs déjà, touchés par les balles[8], sont blessés ; ils restent étendus sur les bancs ou sur le plancher. Les Peaux-Rouges tués tombent en bas du train et sont écrasés par les roues.

Au bout de dix minutes, le voisin de Mr. Fogg reçoit une balle dans le ventre ; il tombe sur les genoux. Avant de mourir, il a la force de tirer Mr. Fogg par la veste et il lui crie :

« La gare ! à deux miles d'ici, la gare ! Il y a des soldats. Si le train ne s'arrête pas avant cinq minutes, vous êtes perdus[9]. Les mécaniciens sont morts sans doute. Il faut tout faire pour arrêter le train.

---

**7** Une plaine : un très grand terrain plat.
**8** Une balle : petit objet dangereux en métal que lancent les fusils.
**9** Vous êtes perdus : vous allez mourir.

– Il s'arrêtera ! dit Phileas Fogg en se levant pour courir vers la locomotive.

– Restez, monsieur, lui crie Passepartout, je vais m'en occuper. »

Sur les toits, les Peaux-Rouges tirent des coups de fusil à l'intérieur des wagons par les trous des planches. Bientôt, quand tous les voyageurs seront tués ou blessés ils seront les maîtres du train et ils pourront prendre tout ce qu'il y a dedans. Leur chef est resté sur la locomotive parce qu'il veut passer très vite devant la prochaine[10] gare et essayer d'arrêter la machine seulement plusieurs kilomètres plus loin.

Phileas Fogg n'a pas eu le temps d'empêcher le courageux Passepartout de s'élancer[11] du coin où il était caché ; les balles volent au-dessus de sa tête, mais il saute, en se baissant, d'un banc à l'autre. Puis il sort et il passe sous les wagons en accrochant ses pieds et ses mains à tout ce qu'il trouve. De cette façon, il avance, comme une mouche sur un plafond[12]. Il arrive à la locomotive et il monte dessus. D'un formidable coup de poing il écrase le chef des Peaux-Rouges. Il réussit à arrêter la machine à moins de cent mètres de la gare.

Les soldats, qui entendent depuis un quart d'heure les coups de fusil, courent vers le train et tirent sur les Peaux-Rouges. Ceux-ci comprennent alors qu'ils n'ont plus aucune chance de gagner et se sauvent en criant.

Les gens sortent des wagons. On compte les morts et les blessés. Fix a reçu une balle dans le bras ; Phileas Fogg et Mrs Aouda n'ont rien. On s'aperçoit[13] que les Peaux-Rouges ont emporté avec eux deux voyageurs. On ne retrouve pas non plus Passepartout ;

---

10  Prochaine : suivante.
11  S'élancer : se jeter très vite vers l'avant et courir.
12  Plafond : contraire de sol, surface plate qui ferme le haut d'une salle.
13  S'apercevoir : ici, découvrir, se rendre compte.

où est-il ? qu'est-il devenu ? Phileas Fogg semble avoir une grande peine[14] ; pour la première fois, son cœur et son esprit sont déchirés par deux idées contraires. Il ne peut pas laisser le pauvre garçon entre les mains des Peaux-Rouges qui vont sans doute le brûler ou lui couper la tête. Mais s'il va le chercher, il perdra du temps et il manquera le bateau de New York. Mrs Aouda pleure ; elle n'ose pas donner son avis. Phileas Fogg va vers le commandant[15] des soldats et il lui dit :

« Les Peaux-Rouges ont emporté avec eux quelques voyageurs ; il faut essayer de les reprendre.

— Comment pouvons-nous faire ? Moi, je n'ai pas le droit de quitter la gare ; je dois rester avec mes hommes pour la garder.

— Bon, j'irai seul ; c'est mon devoir.

— Vous êtes fou ? Allons ! Je peux vous donner trente soldats, mais je suis obligé, moi, de rester à mon poste. »

Fix vient près d'eux et demande à Mr. Fogg :

« Est-ce que vous me permettez de venir avec vous ?

— Vous ferez ce que vous voudrez ; mais si vous voulez me rendre service[16], vous resterez avec Mrs Aouda. Si je suis tué, je vous demande de vous occuper d'elle. »

Fix n'est pas content. Il ne peut pas dire non, bien sûr. Mais en restant avec la jeune femme, il laisse partir son voleur. Il se demande si cela n'est pas un tour d'adresse[17] de Phileas Fogg pour se sauver.

Celui-ci serre la main de Mrs Aouda et lui donne le sac qui contient tout l'argent. Puis, avec le petit groupe de soldats, il part dans la plaine couverte de neige.

---

**14** Peine : ici, tristesse.
**15** Le commandant : le chef.
**16** Rendre service : faire quelque chose pour aider quelqu'un.
**17** Un tour d'adresse : ce qu'on fait pour tromper l'autre intelligemment.

Pendant ce temps-là, les ouvriers réparent comme ils peuvent les wagons et la locomotive. Ainsi, vers le soir, le train est prêt à partir. Mrs Aouda demande au conducteur d'attendre encore un peu :

« Ne repartez pas avant que Mr. Fogg et les soldats reviennent. »

Mais les autres voyageurs sont pressés ; ils remontent tout de suite, s'installent à leurs places. Les blessés sont portés et couchés sur les bancs. Le train s'en va en mêlant[18] sa fumée blanche à la neige qui s'est encore mise à tomber. Fix et Mrs Aouda restent ; ils attendent toute la nuit sans pouvoir dormir.

Quand le jour se lève, tout le monde est déjà dehors, les soldats et les employés ; on n'a pas de nouvelles[19] de Phileas Fogg ni des hommes qui sont partis avec lui. Enfin, vers sept heures, on aperçoit des points noirs très loin sur la neige ; les soldats se mettent à courir dans cette direction ; bientôt ils peuvent reconnaître le petit groupe qui revient. Phileas Fogg marche devant avec Passepartout et les deux autres voyageurs, sauvés des mains des Peaux-Rouges après un rapide combat.

Tous, les sauveurs et les sauvés, sont reçus avec des cris de fête.

« Vraiment, se dit Fix, voilà un voleur qui ne manque ni de cœur ni de courage. »

Phileas Fogg maintenant a un retard de vingt heures. Le policier vient vers lui :

« Très sérieusement, monsieur, lui dit-il, vous êtes pressé ?

— Très sérieusement, oui.

---

**18** Mêler : mélanger.
**19** On n'a pas de nouvelles de lui : on ne sait pas ce qu'il est devenu.

— Si nous n'avions pas été arrêtés par ce combat contre les Peaux-Rouges, nous serions arrivés à New York le 11 au matin.

— Oui, avec douze heures d'avance sur le bateau qui ne part pour Liverpool que le soir.

— Bien. Entre vingt et douze, la différence est de huit. Ce sont ces huit heures qu'il faut que vous rattrapiez[20]. Voulez-vous essayer de le faire ?

— À pied ?

— Non, en traîneau, en traîneau à voile. Un homme, cette nuit, m'a offert ce moyen. »

Phileas Fogg ne prend même pas la peine[21] de répondre ; il va vers celui que Fix lui montre du doigt.

« En cette saison de l'année, explique le patron du traîneau, il est facile de traverser la plaine. Depuis quelques jours la neige est dure. Un vent fort, qui vient de l'ouest, nous poussera bien. Si rien ne casse, nous arriverons à une heure de l'après-midi. »

Bien sûr, ce sera un voyage très peu confortable et même dangereux. Mais Phileas Fogg ne peut pas choisir : c'est ça ou rien. À huit heures tout est prêt pour le départ.

La plaine est plate comme un grand lac[22] couvert de glace et le traîneau, lancé dans une course[23] folle, va à une vitesse de presque soixante kilomètres à l'heure. Il fait un froid terrible. Les cinq hommes, enveloppés dans de grands manteaux de cuir[24], sont serrés autour de Mrs Aouda. Passepartout, assis devant, reçoit tout le vent dans la figure. Plié en deux, il respire avec peine et il a besoin de toutes ses forces pour ne pas être emporté[25].

---

**20** Rattraper : ici, regagner le temps perdu.

**21** Ne pas prendre la peine de faire quelque chose : ne pas se fatiguer à le faire.

**22** Un lac : une grande étendue d'eau à l'intérieur des terres.

**23** Une course : quand on court ou quand on va très vite.

**24** Le cuir : la peau d'un animal. Après l'avoir préparée, on l'utilise pour faire des manteaux, des sacs, des chaussures etc.

**25** Être emporté : ici être pris par le vent et tomber du traîneau.

Au bout de cinq heures, le conducteur montre un groupe de toits blancs de neige ; dès leur arrivée, Phileas Fogg et ses amis veulent sauter à terre, mais ils ne peuvent plus faire un mouvement parce qu'ils ont eu trop froid. Il faut les aider à aller jusqu'à la gare où ils boivent de grandes tasses de thé chaud. Ils se reposent en attendant le train. Mrs Aouda rit parce que le visage de Passepartout est rouge et cuit comme une brique[26], Passepartout, lui, ne trouve pas ça drôle, il a tellement mal aux yeux et aux oreilles !

Les trains sont très nombreux sur cette dernière partie de la ligne. Cela permet à nos voyageurs d'arriver le 11, à onze heures un quart du soir, au port de New York.

26 La brique : genre de pierre rouge de forme rectangulaire.

Le China, le bateau pour Liverpool, est parti depuis quarante-cinq minutes. Il semble qu'il ait emporté avec lui le dernier espoir[27] de Phileas Fogg.

Comme à Hong-Kong, Phileas Fogg est obligé de se débrouiller seul pour trouver un moyen rapide de continuer son tour du monde. À New York, bien sûr, les bateaux ne manquent pas non plus et il en trouve un qui s'appelle l'*Henrietta*. Son patron, Andrew Speedy, reçoit d'abord très mal Phileas Fogg. Il n'est pas du tout content parce qu'il n'a pas fait de bonnes affaires à New York et parce qu'il est obligé de repartir tout de suite avec son bateau vide pour aller chercher du vin en France. Il ne veut donc pas aller en Angleterre et, de toute façon, il n'aime pas prendre des voyageurs. Comme d'habitude, Phileas Fogg offre une très grosse somme d'argent ; il essaie même d'acheter le bateau. Mais Andrew Speedy dit toujours non. Pour la première fois les livres sterling ne servent à rien. Alors Phileas Fogg change d'idée ; il ne discute pas plus longtemps et dit :

« Bon, allons en France. Je vous donnerai quatre cents livres sterling par personne. Nous sommes quatre.

– À ce prix-là je suis d'accord, » répond le patron.

---

**27** Le dernier espoir : la dernière chose qui lui fait espérer pouvoir gagner.

Le jour d'après, 13 décembre, l'*Henrietta* avance à toute vitesse depuis déjà vingt-quatre heures, mais il n'est plus commandé par le même homme. Phileas Fogg a donné de l'argent aux marins, aux chauffeurs, aux mécaniciens. Avec Passepartout il a réussi à tirer Andrew Speedy jusque dans sa cabine. Le patron, rouge de colère, remuait et criait comme un fou ; mais ils l'ont attaché à son lit par de solides cordes, ont fermé sa porte à double tour[1], personne ne s'occupe plus de lui. Mr. Fogg le remplace et commande l'*Henrietta* qui, naturellement, prend la direction de l'Angleterre.

Passepartout trouve cela très amusant ; il n'a jamais été aussi gai ; il fait rire tout le monde de ses histoires drôles, par son adresse à courir et à sauter partout. Fix, au contraire, commence à avoir peur ; il se demande : « Qu'est-ce que Phileas Fogg va faire maintenant ? Il a d'abord volé cinquante-cinq mille livres sterling ; aujourd'hui il vole un bateau en tuant presque son patron. C'est vraiment un homme terrible ! Où va-t-il nous mener ? Sans doute dans une île ou dans un petit port étranger, loin des regards de la police. »

Plusieurs jours passent ainsi. Andrew Speedy continue à crier dans sa cabine ; Passepartout aide son maître et les marins. Les chauffeurs ont reçu l'ordre de forcer la vitesse ; l'*Henrietta* crache[2] dans le ciel des nuages de fumée. Malheureusement, de

---

**1** Fermer une porte à double tour : la fermer à clef en tournant deux fois la clef pour être sûr que c'est bien fermé.

**2** Cracher : ici, il s'agit d'une image pour dire que la fumée sort des cheminées du bateau.

cette façon, on dépense beaucoup trop de charbon. Un matin, le chef des machines vient voir Phileas Fogg pour le prévenir :

« N'oubliez pas, monsieur, que depuis notre départ, nous chauffons avec tous nos fourneaux allumés ; nous avions assez de charbon pour aller à petite vapeur[3] de New York en France, mais nous n'en avons pas assez pour aller à toute vapeur de New York en Angleterre.

— Continuez à pousser les feux, » répond Mr. Fogg toujours aussi tranquille.

Deux jours après, le 18 décembre, il n'y a plus un morceau de charbon. Phileas Fogg donne à Passepartout l'ordre d'aller chercher Andrew Speedy et de lui rendre sa liberté.

Celui-ci sort de sa cabine comme un coup de canon.

« Où sommes-nous ? Où sommes-nous ? » crie-t-il en courant vers le poste de commandement.

Il ne peut plus respirer, il est tellement en colère !

« Je vous ai fait venir, lui dit Phileas Fogg sans faire attention à ses cris, pour vous demander encore une fois de me vendre votre bateau.

— Jamais.

— C'est que je vais être obligé de le brûler.

— Quoi ?

— Oui, tout ce qui est en bois, parce qu'il ne reste plus un grain[4] de charbon.

— Comment ? Un bateau qui vaut cinquante mille dollar[5] !

— Tenez, je vous en donne soixante mille, » répond Phileas Fogg en offrant à Andrew Speedy un paquet de billets de banque.

---

3  Aller à petite vapeur : aller doucement | pour un bateau ou un train.
4  Un grain : ici, un seul morceau.
5  Dollar : la monnaie des États-Unis.

Quand il voit cette grosse somme d'argent, le patron oublie tout de suite sa colère. Il pense que l'*Henrietta* est vieux : il a vingt ans. Cela peut devenir pour lui une très bonne affaire, une affaire en or !

« Je garderai ce qui est en fer, n'est-ce pas ? dit-il d'une voix beaucoup plus douce.

– Ce qui est en fer et la machine. Êtes-vous d'accord maintenant ?

– D'accord. »

Sur l'ordre du « commandant Fogg », les marins se mettent à démolir, à tailler[6], à couper tout ce qui est en bois. Passepartout fait le travail de dix hommes. De cette façon l'*Henrietta* est bientôt rasé[7].

Le 20 décembre, on passe devant la côte d'Irlande. Phileas Fogg n'a plus que vingt-quatre heures pour arriver à Londres. C'est le temps que mettrait l'*Henrietta* pour aller jusqu'à Liverpool, même si on faisait tourner les machines à toute vapeur[8].

« Monsieur, dit Andrew Speedy qui a fini par s'intéresser à cet étonnant voyage, je vous plains vraiment. Tout est contre vous ! Nous ne pourrons plus aller bien loin avec le peu de bois que nous avons et nous sommes seulement devant Queenstown.

– Ce sont les lumières de Queenstown que nous apercevons là-bas ?

– Oui.

– Pouvons-nous entrer dans le port ?

– Pas avant trois heures. Quand la mer sera haute.

– Attendons, » répond Phileas Fogg, sans montrer sur son visage qu'il vient d'avoir une idée qui le sauve.

---

6  Tailler : couper en morceaux.

7  Raser : ici, casser, enlever tout ce qui est en bois sur le bateau.

8  À toute vapeur : faire travailler les machines le plus possible pour que le bateau aille très vite.

Queenstown est un port de la côte d'Irlande où les bateaux qui viennent d'Amérique jettent en passant les sacs de lettres. Ces lettres sont emportées à Dublin par des trains très rapides, toujours prêts à partir. De Dublin, elles sont envoyées à Liverpool dans des bateaux légers qui font le service de la poste à travers la mer d'Irlande. C'est un moyen qui permet de gagner douze heures.

Avec Fix qui ne quitte plus son homme d'un pas, avec Passe-partout qui ne prend plus le temps de respirer, et, naturellement, avec Mrs Aouda, Phileas Fogg monte, à une heure du matin, dans le train de Queenstown. Il arrive à Dublin quand le jour se lève. Il prend tout de suite un des bateaux du service de la poste.

Le 21 décembre, à midi vingt, il descend enfin sur le quai de Liverpool. Mais Fix, à ce moment-là, lui met la main sur l'épaule et lui dit :

« Au nom de la reine[9], je vous arrête ! »

Phileas Fogg est en prison. Au moment de l'arrestation, Passepartout a voulu se jeter sur Fix pour le frapper à coups de poing. Des policiers l'ont empêché de le faire. Mrs Aouda ne comprend plus rien. Passepartout lui explique ce qu'il sait. Elle ne peut pas croire que ce soit possible. Comment ! Mr. Fogg, cet homme si bon, si courageux, et qui lui a sauvé la vie[10] ! Non, certainement la police se trompe et va bientôt lui rendre sa liberté.

Passepartout est très en colère contre lui-même ; il pense qu'il est encore la cause de ce nouveau malheur. Pourquoi n'a-t-il rien dit à son maître ? Pourquoi ne l'a-t-il pas prévenu ? Si Phileas Fogg avait su que Fix était un agent de la police, il aurait pu essayer de se défendre.

Les heures passent. Dans sa prison, Phileas Fogg a posé sa montre sur une table, à côté de lui. Il ne dit rien ; il regarde les aiguilles tourner.

À deux heures trente-trois, Fix entre comme un coup de vent dans le poste de police. Son visage est très blanc. Il donne l'ordre d'ouvrir la porte et explique à Phileas Fogg :

« Monsieur, excusez-moi. Je vous demande pardon. Le vrai voleur a été pris à Londres il y a trois jours. Il s'appelle James Strand ; il vous ressemble beaucoup et j'ai cru que c'était vous. Maintenant vous êtes libre naturellement. »

Phileas Fogg ne répond rien. Il marche vers le policier, le regarde bien en face, et faisant peut-être pour la première fois de

---

**9**  La reine : il s'agit ici de la reine Victoria 1837-1901.
**10**  Il lui a sauvé la vie : sans lui, sans son aide, il serait mort.

sa vie un mouvement très rapide, il lance ses deux poings dans la figure de Fix qui tombe en arrière.

Passepartout a pris les valises et nos trois amis sautent dans une voiture qui les conduit jusqu'à la gare. C'est trop tard. Un train vient de partir. Le train suivant arrivera à Londres dans la nuit, bien après huit heures. Tout est perdu. Tant d'intelligence, tant d'adresse employées, tant d'argent dépensé pour ce triste résultat[11] ! Le voyage a coûté presque vingt mille livres sterling. Phileas Fogg doit maintenant en payer autant à ses amis du *Reform Club*. Il n'aura plus rien, il sera pauvre.

Rentré chez lui, Phileas Fogg monte dans sa chambre. Pourra-t-il dormir ? Mrs Aouda s'installe dans une autre pièce de la maison, mais elle ne peut pas prendre un seul moment de repos[12]. Elle n'a pas l'esprit tranquille. Son ami lui paraît si triste ! Elle a très peur qu'il arrive un grand malheur. Elle demande à Passepartout de garder son maître, sans en avoir l'air, et de rester toute la nuit près de sa porte.

Le matin, Mr. Fogg appelle son serviteur :

« Occupez-vous avec le plus grand soin du déjeuner de Mrs Aouda. Demandez-lui de bien vouloir m'excuser si je ne descends pas, ni pour le déjeuner ni pour le dîner, je boirai seulement un peu de thé dans ma chambre. J'ai besoin de tout mon temps pour mettre de l'ordre dans mes affaires. »

Ainsi, pour la première fois depuis qu'il vit dans cette maison, Phileas Fogg ne va pas au *Reform Club* à onze heures et demie du matin. Pendant toute cette journée de dimanche il ne sort pas.

---

**11** Le résultat : on fait un effort, on se fatigue pour quelque chose. Cette chose est le résultat de nos efforts.

**12** Prendre du repos : se reposer.

Passepartout passe son temps à monter et à descendre l'escalier de la maison. Il écoute à la porte de la chambre de son maître ; il regarde même quelquefois par le trou de la serrure[13], n'a-t-il pas le droit de le faire ? Si Mr. Fogg voulait se tuer, il faudrait vite entrer pour l'en empêcher.

À un moment de l'après-midi, Passepartout va trouver la jeune femme :

« Madame, lui dit-il, si mon maître a décidé quelque chose, ce n'est pas moi qui pourrai le faire changer d'idée. Vous, peut-être…

— Je ne crois pas. Vous savez bien que Mr. Fogg est un homme qui fait toujours ce qu'il veut. Je n'ose pas aller lui parler. Ah, mon ami ! il ne faut pas que vous le quittiez une seule minute. »

À sept heures et demie du soir, Mr. Fogg va voir Mrs Aouda. Il a l'air très tranquille, aussi tranquille que pendant le voyage. Il reste d'abord quelque temps sans parler. Puis il lève les yeux sur Mrs Aouda :

« Je vous demande pardon.

— Comment ?

— Oui. À Hong-Kong, je vous ai dit de venir avec nous jusqu'en Angleterre. J'étais à ce moment-là riche et je pensais pouvoir vous aider. Mais les choses ont changé ; la chance a tourné contre moi. Il me reste seulement un peu d'argent ; permettez-moi de vous l'offrir.

— Et vous, que deviendrez-vous ?

— Moi, madame, je n'ai besoin de rien. Je suis seul, je n'ai ni parents ni vrais amis.

— Je vous plains beaucoup, monsieur Fogg. Vivre seul est une bien triste chose. Je voudrais être pour vous une parente et une amie. Voulez-vous que je devienne votre femme ? »

---

**13** Une serrure : partie d'une porte qui sert à la fermer ou à l'ouvrir avec une clef.

Phileas Fogg, en entendant ces mots, va vers Mrs Aouda et il lui prend les mains : « Je vous aime, madame.

– Quel bonheur ! mon ami. »

Mr. Fogg sonne pour appeler Passepartout : « Mon garçon, Mrs Aouda et moi-même nous nous marions demain lundi. Commencez ce soir à vous occuper de tout préparer. Je pense qu'il n'est pas trop tard. » Passepartout sourit de son meilleur sourire. « Il n'est jamais trop tard, dit-il.

– Pour demain lundi, n'est-ce pas ? répète Mr. Fogg en regardant la jeune femme.

– Pour demain lundi, » répond Mrs Aouda.

Et Passepartout sort en courant.

Quand on a appris à Londres que le vrai voleur de la Banque, James Strand, avait été arrêté le 17 décembre, tout le monde a changé d'avis : Phileas Fogg n'avait donc pas quitté l'Angleterre parce que la police le recherchait et il n'avait pas menti en disant qu'il voulait essayer de faire le tour du monde en quatre-vingts jours.

Les cinq messieurs du *Reform Club*, qui avaient presque oublié cette histoire, ont recommencé à y penser et à se demander ce que devenait leur ami. Était-il mort ? Avait-il pu continuer son voyage ?

Le samedi 21 décembre, ils sont tous les cinq réunis dans la grande salle du *Reform Club* et ils attendent, très curieux de savoir si Phileas Fogg arrivera avant huit heures quarante-cinq du soir.

« Messieurs, dit Andrew Sluart en regardant sa montre, il est huit heures vingt-cinq. Mr. Phileas Fogg doit être là dans vingt minutes.

– À quelle heure est arrivé le dernier train de Liverpool ? demande Thomas Flanagan.

– À sept heures vingt-trois, répond Gauthier Ralph, et le train suivant arrive seulement à minuit dix.

— Eh bien, messieurs, ajoute Andrew Stuart, si Phileas Fogg était arrivé par le train de sept heures vingt-trois, il serait déjà ici. Nous pouvons donc penser que nous avons gagné.

— Attendons, ne parlons pas trop vite, répond Samuel Fallentin. Vous savez que notre ami n'arrive jamais ni trop tôt ni trop tard. S'il arrivait ici à la dernière minute, je ne serais pas tellement étonné.

— Et moi, dit Andrew Stuart, même si je le voyais de mes yeux, je ne le croirais pas.

— Vous avez raison, ajoute Thomas Flanagan, cette idée de Phileas Fogg était tout à fait folle. On ne peut pas empêcher les retards d'un voyage.

— Vous remarquerez, reprend John Sullivan, que nous n'avons reçu aucune nouvelle de notre ami. Il pouvait nous envoyer des télégrammes !

— Il a perdu, messieurs, dit Andrew Stuart, il a cent fois perdu !

— Vous savez que le *China* qui vient de New York est arrivé à Liverpool hier. Vous pouvez regarder dans le journal tous les noms des voyageurs ; il n'y a pas celui de Phileas Fogg. Il n'est peut-être même pas encore en Amérique. Je pense qu'il aura vingt jours de retard.

— Bien sûr, répond Gauthier Ralph, et demain nous pourrons aller à la Banque, avec le chèque de Mr. Fogg, pour prendre les vingt mille livres sterling. »

Il est huit heures quarante.

Les cinq hommes se regardent. On peut croire que leur cœur bat un peu plus vite que d'habitude. Ils veulent avoir l'air tranquilles et ils vont s'asseoir à une table pour jouer aux cartes. Mais ils ne peuvent pas s'empêcher de regarder leur montre.

Après un moment de silence, John Sullivan dit :

« Huit heures quarante-quatre ! »

Andrew Stuart et ses amis ne jouent plus. Ils laissent les cartes sur la table.

On entend des cris dehors. La porte est ouverte, poussée par des gens qui battent des mains[14]. Phileas Fogg entre :

« Me voici, messieurs, » dit-il,

---

**14** Battre des mains : façon de montrer à quelqu'un qu'on trouve ce qu'il a fait extraordinaire.

Oui, Phileas Fogg lui-même.

On se rappelle que vers huit heures du soir il avait décidé de se marier avec Mrs Aouda et que Passepartout était sorti pour aller tout préparer. Une demi-heure après, celui-ci est revenu en courant à la maison de *Saville-Row*.

« Mon maître, mon maître !

— Qu'est-ce qu'il y a ? Vous perdez la tête[15] !

— Vous ne pouvez pas vous marier demain.

— Et pourquoi donc ?

— Parce que demain, c'est dimanche.

— Non, je vous ai dit : demain lundi.

— Oui, mais demain c'est dimanche. Aujourd'hui nous sommes samedi. Nous nous sommes trompés d'un jour. Courez au *Reform Club*, vos amis doivent vous attendre. »

Passepartout avait raison. Mais comment est-ce que nos voyageurs s'étaient trompés ? C'est très simple. Nous savons bien que la terre, comme tout ce qui est rond, est partagée[16] en 360 parties. Quand un voyageur passe d'une partie à l'autre, il doit changer l'heure de sa montre, parce qu'il y a une différence de quatre minutes. S'il va de l'est vers l'ouest, il perd quatre minutes ; s'il va de l'ouest vers l'est, il les gagne. Quand on fait le tour de la terre, on perd ou on gagne 360 fois quatre minutes, c'est-à-dire vingt-quatre heures. Phileas Fogg, qui est allé toujours vers l'est, est donc arrivé à Liverpool le 20 décembre à midi et non pas le 21 comme il le croyait. Ainsi il a pu être dans la salle du *Reform Club* à l'heure où ses amis l'attendaient.

Le soir, Phileas Fogg rentre chez lui avec Mrs Aouda et, dans la voiture, la jeune femme lui demande :

---

**15** Perdre la tête : expression qui veut dire devenir fou.
**16** Partager : couper en plusieurs parties de la même taille.

« Il y a une heure, vous pensiez que vous étiez pauvre ; maintenant vous êtes riche ; vous préférez peut-être ne pas vous marier et rester libre comme avant ?

— Mais, chère amie, cet argent est à vous. Si aujourd'hui nous n'avions pas décidé de nous marier, Passepartout n'aurait pas appris que nous étions samedi. »

Vingt-quatre heures plus tard, le lundi, Mr. Fogg et Mrs Aouda se marient.

Le jour suivant, dès le matin, Passepartout frappe à grand bruit à la porte de son maître :

« Qu'y a-t-il encore, Passepartout ?

— Il y a, monsieur, que je viens d'apprendre une chose très intéressante.

— Quoi donc ?

— Nous pouvions faire le tour du monde en soixante-dix-huit jours seulement.

— Oui, je sais, en ne traversant pas l'Inde. Mais si nous n'avions pas traversé ce pays, nous n'aurions pas rencontré Mrs Aouda, elle ne serait pas ma femme, et… »

Et Mr. Fogg ferme doucement la porte.

# Activités

**1** **Avez-vous bien compris ? Associez les personnages à leurs caractéristiques.**

**a.** Il est français.
**b.** Il est anglais.
**1.** Phileas Fogg
**c.** Il est obsédé par la ponctualité.
**d.** Il a occupé beaucoup d'emplois différents.
**e.** Il se montre généreux.
**2.** Passepartout
**f.** Il aime jouer aux cartes.
**g.** Il sait se débrouiller dans les situations difficiles.

**2** 🖸 piste 1 → **Écoutez le chapitre 1 et corrigez les sept erreurs dans ce résumé.**

Phileas Fogg habite à Londres avec sa femme et ses enfants. Ce soir, il va partir avec son ami français Jean Passepartout pour faire le tour du monde. Il vient de parier avec ses voisins que ce voyage est possible en 80 jours. Normalement, ils vont revenir le 24 décembre.

Le voyage va commencer demain. Le train va partir à 22 h 30. Passepartout est en train de préparer les bagages : trois énormes valises car Phileas Fogg veut emporter tous ses vêtements.

........................................................................................................................

........................................................................................................................

**3** **Indiquez les heures sous les horloges puis complétez les phrases pour décrire une journée type de Phileas Fogg.**

........................    ........................    ........................    ........................

1. Tous les jours, il se lève à .............................. .
2. Phileas Fogg quitte généralement sa maison à ..............................
   pour se rendre au *Reform Club*.
3. Le garçon lui apporte les journaux du jour à .............................. .
4. À .............................., il retrouve ses amis pour jouer aux cartes.

**4** **Racontez le déroulement de votre journée type. Précisez les horaires.**

..........................................................................................

..........................................................................................

..........................................................................................

**5** **Phileas Fogg n'emporte qu'un sac avec deux chemises et des chaussettes. Et vous, qu'emportez-vous dans votre valise ? Faites la liste.**

..........................................................................................

..........................................................................................

..........................................................................................

..........................................................................................

## CHAPITRE 2

**1** **Avez-vous bien compris ? Cochez vrai ou faux.**

|  | Vrai | Faux |
|---|---|---|
| 1. Fix travaille pour la police anglaise. | ☐ | ☐ |
| 2. Fix et Fogg font connaissance sur le bateau, le *Mongolia*. | ☐ | ☐ |
| 3. À Suez, Fogg présente ses papiers à la police. | ☐ | ☐ |
| 4. Phileas Fogg visite la ville de Suez. | ☐ | ☐ |
| 5. Le bateau, le *Mongolia*, arrive à Bombay plus tôt que prévu. | ☐ | ☐ |
| 6. Le voyage en bateau entre Suez et Bombay est agréable. | ☐ | ☐ |

**2** Cochez les bonnes réponses. De Bombay à Calcutta, Fogg et Passepartout voyagent :

1. en train ☐
2. à dos d'éléphant ☐
3. en bateau ☐
4. à cheval ☐
5. à pied ☐
6. en voiture à bœufs ☐

**3** piste 2 → Écoutez le chapitre 2 et classez les mots selon que la terminaison -*ent* se prononce ou ne se prononce pas.

le changement – l'accident – ils traversent – seulement – des vêtements – ils chantent – elles dansent – ils avancent – les heures passent – des hommes mettent le feu – heureusement – lentement – l'argent – elles pleurent – un moment – ils disent non

| La terminaison -*ent* se prononce | La terminaison -*ent* ne se prononce pas |
|---|---|
| .................................. | .................................. |
| .................................. | .................................. |
| .................................. | .................................. |
| .................................. | .................................. |
| .................................. | .................................. |
| .................................. | .................................. |
| .................................. | .................................. |

**4** Pourquoi Fix n'arrête-t-il pas Fogg à Suez ?

..........................................................................

..........................................................................

..........................................................................

..........................................................................

..........................................................................

## CHAPITRE 3

**1** **Avez-vous bien compris ? Cochez la bonne réponse.**

1. Phileas Fogg décide d'emmener Mrs Aouda :
   - ☐ **a.** à Yokohama.
   - ☐ **b.** à Hong Kong.
   - ☐ **c.** à New York.

2. Phileas Fogg arrive à Calcutta :
   - ☐ **a.** le jour prévu.
   - ☐ **b.** avec un jour d'avance.
   - ☐ **c.** avec un jour de retard.

3. Arrivés à Calcutta, Phileas Fogg et Passepartout sont conduits :
   - ☐ **a.** au poste de police.
   - ☐ **b.** en prison.
   - ☐ **c.** au port.

4. Le tribunal décide que Passepartout doit rester en prison :
   - ☐ **a.** huit jours.
   - ☐ **b.** dix jours.
   - ☐ **c.** quinze jours.

5. Pour rester en liberté, Phileas Fogg :
   - ☐ **a.** réussit à convaincre le tribunal qu'ils ne sont pas coupables.
   - ☐ **b.** paye une caution.
   - ☐ **c.** s'enfuit grâce à Passepartout.

**2** **Complétez le récit de Mrs Aouda. Mettez les verbes au passé composé ou à l'imparfait.**

Quand je (être) ............................... jeune, je (vivre) ...............................
avec mes parents à Bombay. Mon père (être) ............................... un
riche commerçant. Quand mes parents (mourir) ...............................,
ma famille (décider) ............................... de me marier à un homme
très vieux. Ce mariage ne me (plaire) ............................... pas mais
je ne (avoir) ............................... pas le choix et je (se marier) ........
.....................

**3** **Depuis le début du voyage Phileas Fogg et Passepartout ont utilisé différents moyens de transport. Retrouvez-les et complétez la grille de mots croisés.**

1. Ce moyen de transport n'existait pas encore du temps de Phileas Fogg.
2. C'est le premier moyen de transport emprunté par Phileas Fogg et Passepartout.

**3.** Ce gros animal permet à Phileas Fogg de s'enfuir avec Mrs Aouda.

**4.** Il permet de traverser les mers et les océans.

**5.** Il sert au sauvetage des passagers sur un navire en danger.

**6.** À l'époque de Phileas Fogg, elle n'a pas de moteur.

**7.** Un train en comporte plusieurs.

**4** 🔘 piste 3 → **Écoutez le chapitre 3 et complétez le résumé avec les mots ci-dessous.**

*juge – prison – tribunal – condamné – accusé – loi*

Phileas Fogg et Passepartout sont emmenés au ............................ .
Un ..................... explique leur faute. Ils sont .....................
de ne pas avoir respecté la ............................ . Ils sont ...............
.............. à plusieurs jours de ............................ .

_____ **CHAPITRE 4** _____

**1** **Avez-vous bien compris ? Répondez aux questions.**

**1.** Pourquoi Mrs Aouda ne peut-elle rencontrer son oncle à Hong Kong ?

.........................................................................................................

**2.** À quelle heure le *Carnatic* doit-il partir ?

..................................................................................................

**3.** Pourquoi Passepartout n'arrive-t-il pas à prévenir son maître du départ du Carnatic ?

..................................................................................................

..................................................................................................

**4.** Que fait Phileas Fogg quand il se rend compte que le *Carnatic* est déjà parti ?

..................................................................................................

..................................................................................................

**5.** Le dernier jour, le bateau n'avance plus. Pour quelle raison ?

..................................................................................................

..................................................................................................

**6.** Quelle est la solution pour arriver à Changhaï ?

..................................................................................................

..................................................................................................


**2** 🔘 piste 4 → **Après avoir écouté le chapitre 4, complétez le résumé du chapitre avec les indicateurs de temps ci-dessous.**

*ensuite – le lendemain – d'abord –*
*quand – pendant ce temps – le soir*

............................. elle arrive à Hong Kong, Mrs Aouda apprend que son oncle est parti en Europe. Elle décide donc de suivre les voyageurs dans leur tour du monde. Fix emmène Passepartout dans une fumerie d'opium : .............................
il lui révèle que son maître est le voleur de la banque de Londres.
............................. il pousse Passepartout à fumer de l'opium. Celui-ci s'endort.
............................. Phileas Fogg et Mrs Aouda s'installent à l'hôtel, ignorant que le *Canartic* doit partir ............................. même.
............................. Phileas Fogg réussissent à embarquer sur le *Tankarède*.

**3** Phileas Fogg et Mrs Aouda poursuivent seuls leur voyage. À votre avis, qu'est-il arrivé à Passepartout ?

.............................................................................................

.............................................................................................

.............................................................................................


## CHAPITRE 5

**1** Avez-vous bien compris ? Associez les lieux à l'action qui s'y déroule.

1. Passepartout retrouve Phileas Fogg.
2. Passepartout dort dans la rue.
3. Fix reçoit l'ordre d'arrestation concernant Phileas Fogg.
4. Phileas Fogg a payé à John Bunsby la somme d'argent qu'il lui avait promise.
5. Phileas Fogg déjeune à l'International-Hôtel avec Mrs Aouda.
6. Passepartout achète des armes à feu.
7. Des manifestants se battent.
8. Passepartout cherche son maître.
9. Phileas Fogg et Mrs Aouda rencontrent Fix.
10. Il y a une bagarre entre Fix et Passepartout.
11. Fix empêche Phileas Fogg d'être frappé par un inconnu
12. Passepartout travaille pour gagner de l'argent.

a. Entre Hong Kong et Yokohama.
b. À Yokohama.
c. Entre Yokohama et San Francisco.
d. À San Francisco.

**2** 🔘 piste 5 → Écoutez le chapitre 5, puis cochez vrai ou faux.

|  | Vrai | Faux |
|---|---|---|
| 1. Passepartout est sur le *Carnatic* le 7 novembre. | ☐ | ☐ |
| 2. Phileas Fogg et Mrs Aouda font un bon repas le 8 novembre. | ☐ | ☐ |

| | Vrai | Faux |
|---|---|---|
| **3.** Passepartout reste au moins cinq jours sur le *Carnatic*. | ☐ | ☐ |
| **4.** Pour gagner de l'argent, Passepartout fait la cuisine. | ☐ | ☐ |
| **5.** Passepartout aide les voyageurs avec leurs bagages. | ☐ | ☐ |
| **6.** Fix porte les bagages de Mrs Aouda sur le *Général Grant*. | ☐ | ☐ |
| **7.** Fix et Passepartout se battent à coups de bâton. | ☐ | ☐ |
| **8.** Passepartout trouve que San Francisco est une ville dangereuse. | ☐ | ☐ |
| **9.** Fix empêche Stamp Proctor de frapper Phileas Fogg. | ☐ | ☐ |
| **10.** Mr. Mandiboy et Mr. Kamerfield sont des amis de Stamp Proctor. | ☐ | ☐ |

**3** **Associez les contraires :**

| | | |
|---|---|---|
| **1.** Se réveiller | **a.** | Aider |
| **2.** Chercher | **b.** | Se lever |
| **3.** Recevoir | **c.** | Dire la vérité |
| **4.** Se coucher | **d.** | S'endormir |
| **5.** Gagner | **e.** | Perdre |
| **6.** Mentir | **f.** | Trouver |
| **7.** Se dépêcher | **g.** | Envoyer |
| **8.** Gêner | **h.** | Se relever |
| **9.** Tomber | **i.** | Traîner |

**4** **Associez les phrases qui ont le même sens.**

**1.** Il ne part pas avant un certain temps.

**a.** Il n'a pas le droit de se conduire de cette façon avec nous.

**2.** Il ne doit pas être impoli et violent.

**b.** Il a cinq ou six jours devant lui.

**3.** Il n'a pas eu le courage de venir avec nous.

**c.** Il fera mieux d'attendre.

**4.** Il ne doit pas agir tout de suite. **d.** Il n'a pas osé nous suivre.

**5** Fix change d'idée : il veut maintenant aider Phileas Fogg à rentrer en Angleterre. Pourquoi ?

...................................................................................

...................................................................................

...................................................................................

## CHAPITRE 6

**1** 🔵 piste 6 → **Avez-vous bien compris ? Écoutez le chapitre 6, puis corrigez les sept erreurs du résumé.**

Phileas Fogg et ses compagnons quittent San Francisco en train. Pendant le voyage, Passepartout joue aux cartes. Une nuit, le train est attaqué par les Peaux-Rouges. Grâce au courage de Fix, le train s'arrête à moins de 100 mètres de la gare où des commerçants mettent les Peaux-Rouges en fuite. Mais ces derniers ont pris quelques voyageurs en otage, parmi lesquels Mrs Aouda. Phileas Fogg, aidé de 40 soldats, vole à leur secours et réussissent à les libérer. Mais le train est déjà reparti et les voyageurs sont obligés de poursuivre leur voyage en traîneau à voile. À New York, le bateau pour Liverpool est déjà parti mais Phileas Fogg donne une grosse somme d'argent au patron du Henrietta qui consent à les emmener en Angleterre.

...................................................................................

...................................................................................

**2** Complétez la grille de mots croisés avec différentes matières.

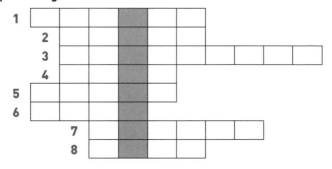

86

1. Il recouvre les murs : AELPRT
2. Il est très fragile : EERRV
3. Il est fabriqué à partir du pétrole : AEILPQSTU
4. Beaucoup de meubles l'utilisent : IBSO
5. Les moutons la procurent : AEILN
6. Elle est utilisée pour les cravates ou les foulards : EOIS
7. Il permet de fabriquer des livres ou des cahiers : AEIPPR
8. Il est très résistant et sert à fabriquer des sacs ou des chaussures : IURC

Le moyen de transport utilisé pour traverser la plaine est un :

☐ ☐ ☐ ☐ ☐ ☐ ☐ ☐

**3** Complétez avec *le, la, les ou un, une, des.*

1. ............. froid a fait rougir le visage de Passepartout.
2. Pendant la traversée de la plaine, il fait ............. froid glacial.
3. ............. neige dense recouvre la plaine.
4. ............. neige est tombée pendant toute la nuit.
5. ............. pluies violentes ont fait grossir la rivière.
6. ............. pluies sont fréquentes dans cette partie des États-Unis.

## CHAPITRE 7

**1** Avez-vous bien compris ? Cochez la bonne réponse.

1. Phileas Fogg donne de l'argent :
   ☐ **a.** à l'équipage de *L'Henrietta.*
   ☐ **b.** à Passepartout.
   ☐ **c.** à Fix.

2. Phileas Fogg est soupçonné d'avoir :
   ☐ **a.** tué le commandant Andrew Speedy.
   ☐ **b.** volé cinquante-cinq mille livres sterling.
   ☐ **c.** menti à la police.

**3.** *L'Henrietta* est un bateau :
- ☐ **a.** à vapeur.
- ☐ **b.** à rames.
- ☐ **c.** à voile.

**4.** Andrew Speedy est :
- ☐ **a.** abandonné sur une île.
- ☐ **b.** enfermé dans sa cabine.
- ☐ **c.** attaché sur une chaise.

**5.** Parmi les amis de Phileas Fogg :
- ☐ **a.** Thomas Flanagan espère que Phileas Fogg va gagner son pari.
- ☐ **b.** Samuel Fallentin espère que Phileas Fogg va gagner son pari.
- ☐ **c.** Andrew Stuart espère que Phileas Fogg va perdre son pari.

**6.** Mrs Aouda demande à Phileas Fogg de l'épouser :
- ☐ **a.** parce qu'elle ne veut pas rester seule.
- ☐ **b.** parce qu'il est riche.
- ☐ **c.** parce qu'elle ne veut pas qu'il reste seul.

**2** piste 7 → **Après avoir écouté le chapitre 7, complétez le résumé avec les mots qui conviennent.**

| | | | |
|---|---|---|---|
| arrêter | commandement | marier | présenter |
| bois | démolir | marins | prison |
| brûler | horaire | monde | recevoir |
| charbon | libre | pari | violent |

Le voyage autour du ............................ (1) continue, mais le temps presse. Phileas Fogg devient un peu ............................................ (2), il enferme le capitaine, prend le ............................ (3) du bateau et, comme il n'y a plus de ............................ (4), il demande aux ............................ (5) de ............................ (6) toutes les parties du bateau en ............................ (7) et de les ............................ (8) Au moment où les voyageurs arrivent en Angleterre, Fix peut enfin ............................ (9) Phileas Fogg et le mettre en ............................ (10) Et puis, on apprend que le vrai voleur a été retrouvé et que Phileas Fogg est ............................ (11) Mrs Aouda lui propose de se ............................ (12) avec elle. Mais Phileas Fogg croit avoir perdu son ............................ (13). En fait il se trompe : grâce au décalage ............................ (14), il a gagné une journée complète.

Il peut maintenant se ............................ (15) à ses amis du Reform Club et ............................ (16) une grosse somme d'argent.

**3** **Aidez-vous du texte du chapitre 7 pour complétez les phrases avec *à* ou *de*.**

**1.** Andrew Speedy commence ........... s'intéresser aux aventures de Phileas Fogg.

**2.** Fix continue ........... croire que Phileas Fogg est un voleur.

**3.** L'argent permet Phileas Fogg ........... faire ce qu'il veut.

**4.** L'équipage se met ........... casser tout ce qui en bois

**5.** Mrs Aouda décide ........... se marier avec Phileas Fogg

**6.** Passepartout n'a pas essayé ........... défendre son maître.

**7.** Phileas Fogg demande à Andrew Speedy ........... lui vendre son bateau

**8.** Phileas Fogg empêche Andrew Speedy ........... sortir de sa cabine.

**4** **Phileas Fogg est-il un personnage sympathique ? Pourquoi ? Faites un portrait de lui en utilisant les mots ci-dessous.**
*bon – calme – coléreux – courageux – doux – drôle – fou – gai – léger – libre – pauvre – rapide – riche – seul – terrible – tranquille – vieux*

.......................................................................................................

.......................................................................................................

.......................................................................................................

.......................................................................................................

.......................................................................................................

.......................................................................................................

.......................................................................................................

.......................................................................................................

.......................................................................................................

.......................................................................................................

## L'itinéraire

| | |
|---|---|
| 2 octobre | Départ de Londres. Traversée de la France et de l'Italie. |
| 9 octobre | Arrivée à Suez par bateau depuis l'Italie. Départ pour l'Inde. |
| 20 octobre | Arrivée à Bombay. Départ pour Calcutta en train. |
| 21 octobre. | Arrêt du train. Poursuite du voyage à dos d'éléphant. |
| 25 octobre | Arrivée à Calcutta. Départ pour Hong Kong en bateau. |
| 6 novembre | Arrivée à Hong Kong. Départ pour Yokoama en bateau. |
| 13 novembre | Arrivée à Yokoama. Départ pour San Francisco en bateau. |
| 3 décembre | Arrivée à San Francisco. Départ en train pour New York. |
| | Arrêt du train. Poursuite du voyage en traineau. |
| 11 décembre | Arrivée à New York. Départ pour l'Angleterre en bateau. |
| 21 décembre | Arrivée à Liverpool. Départ pour Londres en train. |

## Les moyens de transport en 1872

C'est grâce à la révolution des transports que le voyage de Phileas Fogg est possible. Tout au long du XIX$^e$ siècle, les moyens de transport se développent. Le chemin de fer traverse les continents, les bateaux fonctionnent à la vapeur. Le canal de Suez, terminé en 1869, diminue de moitié le temps nécessaire pour aller de Londres à Bombay. Mais tous les pays ne sont pas au même niveau de développement. Certains moyens de transport paraissent exotiques : par exemple lorsque Fogg voyage à dos d'éléphant ou sur un traineau à neige.

PHOTO
P.L.

**1** À l'aide de l'itinéraire faites des recherches sur les pays traversés. Préparez un petit exposé pour présenter ce que serait le voyage de Phileas Fogg aujourd'hui.

..........................................................................................................

..........................................................................................................

..........................................................................................................

..........................................................................................................

..........................................................................................................

..........................................................................................................

..........................................................................................................

**2** Tracez l'itinéraire du voyage de Phileas Fogg et Passepartout sur la carte page suivante et complétez avec les noms de villes, de pays et d'océans qu'ils traversent.

**3** Et vous ? Si vous deviez faire un tour du monde quel serait votre itinéraire ? Combien de temps y consacriez-vous ? Quels moyens de transports utiliseriez-vous ?

..........................................................................................................

..........................................................................................................

..........................................................................................................

..........................................................................................................

..........................................................................................................

..........................................................................................................

..........................................................................................................

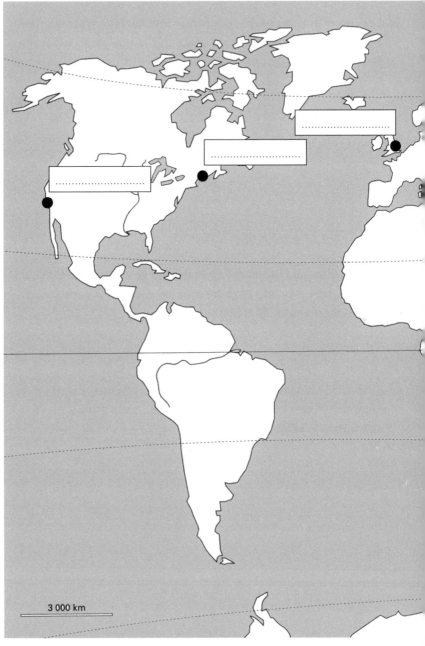

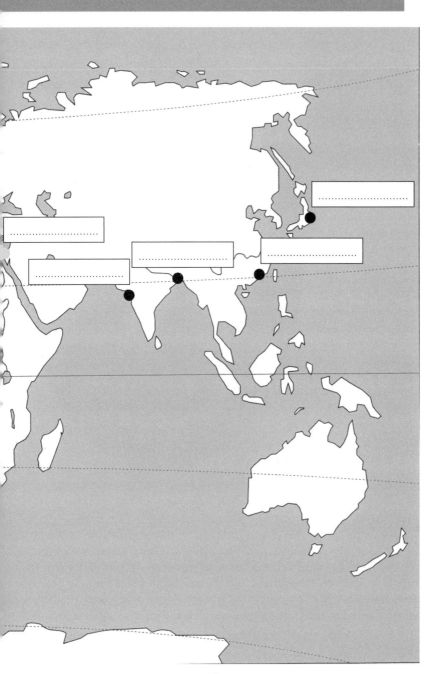

## L'œuvre de Jules Verne

Jules Verne (1828-1905), est principalement apprécié pour avoir pu imaginer et créer des histoires relevant de la fiction et de les expliquer avec les connaissances scientifiques de l'époque. C'est dans le roman d'anticipation qu'il se révèle au grand public et qu'il connaît un immense succès. Parmi les plus connus on peut lire : *Cinq semaines en ballon* (1862), *Voyage au centre de la Terre* (1864), *De la Terre à la Lune* (1865), *Vingt Mille Lieues sous les mers* (1866-1869), *L'Île mystérieuse* (1874).

## Le tour du monde

Pour écrire le tour du monde, Jules Verne amasse de la documentation : cartes et prospectus des compagnies maritimes, horaires des chemins de fer français, britanniques, indiens et américains. Cette histoire paraît d'abord dans le journal : chaque jour un chapitre est publié. Les lecteurs suivent les aventures de Phileas Fogg avec passion et achètent le journal pour connaître la suite. Jules Verne maintient le suspens jusqu'à la dernière page.

**1** Associez chaque roman de Jules Verne à son résumé :

**1.** *Cinq semaines en ballon*
**2.** *Voyage au centre de la Terre*
**3.** *De la Terre à la Lune*
**4.** *Vingt Mille Lieues sous les mers*
**5.** *L'Île mystérieuse*

**a.** Trois hommes prennent place dans un gigantesque obus projeté dans l'espace par un canon.

**b.** Pendant la guerre de Sécession, cinq nordistes s'enfuient en ballon et sont pris dans une tempête. Ils atterrissent sur une île déserte. Des faits inexplicables les entraînent dans une série d'aventure.

**c.** Trois hommes entreprennent la traversée en ballon de l'Afrique. Ce roman permet de découvrir la géographie de l'Afrique et ses principaux explorateurs.

**d.** Trois hommes se rendent en Islande, au cœur du volcan Sneffels, dont la cheminée conduit au centre de la Terre. Ils font d'étonnantes découvertes.

**e.** Trois hommes sont recueillis à bord du *Nautilus*, commandé par le capitaine Némo. Ils font de multiples découvertes sous-marines parmi lesquelles l'Atlantide et des trésors.

**2** Aimez-vous la science fiction ? Citez un roman ou un film que vous aimé et expliquez pourquoi.

..................................................................................................................
..................................................................................................................
..................................................................................................................
..................................................................................................................
..................................................................................................................

# CORRIGÉS

## CHAPITRE 1

**1** 1 : b, c, e, f – 2 : a, d, g **2** 1 Phileas Fogg n'a pas de femme et pas d'enfants. 2 Jean Passepartout n'est pas son ami, il est son serviteur. 3 Il a fait un pari avec ses cinq amis. 4 Ils vont revenir de voyage le 21 décembre. 5 Le voyage va commencer ce soir. 6 Le train va partir à 21 h 30. 7 Phileas Fogg veut emporter très peu de vêtements : juste deux chemises et des chaussettes pour chacun. 3 heures à écrire sous les horloges : huit heures, onze heures et demie, sept heures dix, midi quarante-sept. 1 huit heures. 2 onze heures et demie. 3 midi quarante-sept. 4 sept heures dix **4** Réponse libre **5** Réponse libre.

## CHAPITRE 2

**1** 1 V  2 F : Fix rencontre Passepartout sur le quai à Suez. 3 V 4 F : Après sa visite à la police, Phileas Fogg remonte immédiatement sur le bateau. 5 V 6 V **2** 1, 2 **3** La terminaison -ent se prononce : le changement, l'accident, seulement, des vêtements, heureusement, lentement, l'argent, un moment – La terminaison -ent ne se prononce pas : ils traversent, ils chantent, elles dansent, ils avancent, les heures passent, des hommes mettent le feu, elles pleurent, ils disent non **4** Fix ne peut pas arrêter Fogg comme il le souhaitait : en effet, les papiers des voyageurs sont en règle et il n'a pas d'ordre d'arrestation officiel.

## CHAPITRE 3

**1** 1 b – 2 a – 3 a – 4 c – 5 b **2** j'étais – vivait – était – sont morts – a decide – plaisait – n'avais-me suis mariée **3** 1 AVION – 2 TRAIN – 3 ELEPHANT – 4 BATEAU – 5 CANOT – 6 VOITURE – 7 WAGONS **4** tribunal – juge – accusés – loi – condamnés – prison

## CHAPITRE 4

**1** 1 L'oncle de Mrs Aouda est parti vivre en Europe. 2 Le Carnatic va partir à huit heures du soir. 3 A cause de l'opium que Fix lui a fait fumer, Passepartout s'est endormi sans avoir pu prévenir Phileas Fogg du départ du bateau. 4 Phileas Fogg arrive à convaincre le capitaine du Tankarède de l'emmener à Changaï où le Carnatic doit faire escale. 5 Le temps est devenu trop calme pour permettre au bateau d'avancer. 6 Les passagers du Tankarède vont être secourus par les marins du Capitaine Grant. **2** Quand – d'abord – ensuite – Pendant ce temps – le soir – Le lendemain **3** Réponse libre.

## CHAPITRE 5

**1** 1 b – 2 a –3 b – 4 c – 5 d – 6 d – 7 d – 8 a – 9 d – 10 b – 11 d – 12 b **2** 1 V – 2 F : C'est Passepartout qui mange l'équivalent de trois personnes. 3 V – 4 F : C'est d'Abord ce que Passepartout veut faire mais aucun des patrons de bateaux n'a besoin d'employé. 5 V – 6 V – 7 F : Passepartout frappe Fix à coups de poing. 8 F : Passepartout constate que San Francisco est une grande ville de commerce avec de larges avenues. 9 V – 10 F : Mr. Mandiboy et Mr. Kamerfield sont les deux candidats adverses à l'élection de juge de paix. **3** 1 d – 2 f – 3 g – 4 b – 5 e – 6 c – 7 i – 8 a – 9 h **4** 1 b – 2 a –3 d – 4 c 5 Fix a enfin reçu l'ordre d'arrêter Phileas Fogg mais il est trop tard car ils sont maintenant en pays étranger. Il ne pourra donc arrêter Fogg que lorsqu'ils auront regagné l'Angleterre.

## CHAPITRE 6

**1** 1 Ce n'est Passepartout qui joue aux cartes, c'est Phileas Fogg. 2 Le train est attaqué un jour, vers 11 heures du matin. 3 C'est Passepartout qui réussit à arrêter le train. 4 Les Peaux-Rouges sont mis en fuite par des soldats. 5 C'est Passepartout qui a été emmené par les Peaux-Rouges. 6 30 soldats accompagnent Phileas Fogg. 7 Le patron du Henrietta est d'accord pour les emmener en France. **2** 1 PLATRE – 2 VERRE – 3 PLASTIQUE – 4 BOIS – 5 LAINE – 6 SOIE – 7 PAPIER – 8 CUIR – Moyen de transport : TRAINEAU **3** 1 Le – 2 un – 3 Une – 4 La – 5 Des – 6 Les

## CHAPITRE 7

**1** 1 a – 2 b – 3 a – 4 b – 5 b – 6 c **2** 1 monde – 2 violent – 3 commandement – 4 charbon – 5 marins – 6 démolir – 7 bois – 8 brûler – 9 arrêter – 10 prison – 11 libre – 12 marier – 13 pari – 14 horaire – 15 présenter – 16 recevoir **3** 1 à – 2 de – 3 de – 4 à – 5 de – 6 de – 7 de – 8 de **4** Réponse libre.

Achevé d'imprimer en juillet 2020 en France par CHIRAT - 42540 Saint-Just-la-Pendue - N° 202006.0217
Dépôt légal : janvier 2010 - Édition 15 - 15/5686/9